골프 치면서
사고는 치지 맙시다

이경재

이 책을

골프라는 재미있고 즐거운

놀잇거리를 알게 해주신

아버님 영전에 바칩니다

머리말

세상에는 많은 스포츠와 운동경기가 존재하는데, 골프만큼 많은 이야기를 담고 있는 스포츠도 드물 것입니다. 단적으로 서점에 가서 스포츠 코너에 가보면 다른 스포츠보다 훨씬 많은 골프 관련 서적이 있음을 알 수 있습니다. 그만큼 골프는 기술이나 기량적인 문제는 물론, 많은 에피소드와 화제를 가지고 있다는 점에서 흥미로운 스포츠입니다. 특히 골프는 법적인 측면에서도 여러 방면에서 직간접적으로 관련을 맺고 있습니다.

필자는 20여 년간 골프를 접하면서 점차 그 심오한 면에 빠져들게 되었는데 전공과 관련하여 골프와 관련된 형사판례에 관심을 가지고 어떤 사례들이 있었는지 검색해 보다가 먼저 어느 학술지에 게재한 후, 이를 바탕으로 한 권의 책으로 만들어 골프와 법에 관심 있는 분들에게 소개해 보고자 하는 생각이 들어 일반인들도 알기 쉽게 만들어 보았습니다. 이 글은 다양한 법 분야와 연관을 맺고 있는 골프가 형사법적으로는 어떻게 관련되어 있는지를 실제 형사사건화 되어 법정에서 다투어진 사례와 그 유형을 분석한 뒤, 각각의 대상판결(대상이 되는 판결은 대부분 대법원에서 내려진 판결입니다)에서 법원이 어떠한 논지로 판결을 도출했는지, 그리고 그에 관한 법원의 판단이 정당한지 여부를 해설과 함께 살펴보았습니다.

이와 더불어 대상판례와 관련이 있거나 유사한 형사사건과 골프와 관련된 쓸모있는 상식을 곁들여 골프에 대한 흥미를 더해 보았습니다. 이미 외국이나 우리나라에는 '골프와 법'이라는 제목으로 출간된 서적들이 있으나, 특별히 형사사건과 관련한 서적이 없음에 착안하여 골프와 법에 관심있는 일반 골퍼들을 위한 교양서적으로서 출간하는 만큼 관심있는 분들에게 다소나마 도움이 되기를 바랍니다.

이 자리를 빌려 보잘것없는 내용임에도 흔쾌히 출판을 해주신 박영사의 안종만, 안상준 대표님과 김한유·한두희 과장님 및 도움을 주신 모든 분들께 깊이 감사드리며, 20여 년 동안 함께 골프를 해준 모든 동반자분께도 진심으로 감사의 말씀을 올립니다.

2024년 1월
저자 씀

▶ 목차

Hole

01

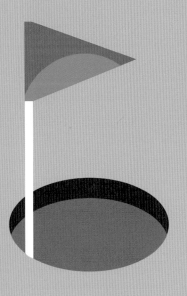

Warming Up:
골프와 법

Hole 1
Warming Up: 골프와 법

1. 골프와 법의 관계

언뜻 보기에 골프라는 스포츠는 법과 아무런 연관성이 없어 보이지만, 조금만 깊이 들여다보면 양자 사이에는 매우 밀접한 관련이 있음을 알 수 있습니다. 우선 골프의 기원에 관한 부분인데, 축구처럼 대중화된 스포츠가 어디에서 유래되었는지에 대해서 의견이 분분하듯이, 골프 역시 마찬가지입니다. 어떤 이는 스코틀랜드에서 처음 시작되었다고도 하고, 또 다른 이는 네덜란드에서 유래되었다고도 하며, 심지어는 중국 원나라 때에도 골프와 유사한 운동이 있었다고 합니다. 하지만 이런 다양한 견해에도 불구하고 '법률'의 형식으로 기록된 자료에 따르면, 골프는 스코틀랜드에서 유래되었다는 것이 정설입니다. 즉, 1457년 3월 스코틀랜드의 제임스 2세는 "축구와 골프는 완전히 축출되어야 하며 해서는 아니 된다."(the futeball and golfe be utterly cryed downe and not to be used.: 여기에 나오는 용어는 오타가 아니라 영어의 고어[古語]입니다)라고 하는 '칙령'(decree)을 발표했는데, 이것이 바로 골프가 당시 스코틀랜드에서 행해졌다고 하는 증거로 간주됩니다. 그 후 1491년 제임스 4세에 의해 다시 한번 골프 금지령이 내려집니다. 골프를 금지했던 주된 이유는 군인이나 청년들이 골프에 빠지는 바람에 군사훈련을 소홀히 했기 때문이라고 합니다.

비단 골프의 기원만이 법과 관련되어 있는 것은 아닙니다. 기본적으로 스스로 심판의 입장에서 자신의 경기를 판단해야 하는 골퍼들은 'R & A'(Royal and Ancient Golf Club at St. Andrews)가 제정하는 골프 '규칙'('Rules' of Golf)을 따라야 하는 것은 불문의 상식이고, 나아가 골프장을 만들거나 운영하기 위해서는 「체육시설의 설치·이용에 관한 법률」에 따라야 하며, 골프장 설계나 골프용품의 디자인 등에 대하여는 「지식재산법 기본법」이, 그밖의 각종 계약이나 불법행위에 대하여는 당연히 「민법」이 적용될 것입니다. 이렇듯 그저 단순한 오락이나 운동에 불과한 것으로 보이는 골프는 다양한 분야의 법들과 관련을 맺고 있으며, 심지어는 법을 벗어나서 생각하기 힘들 정도입니다.

골프라는 운동은 예측할 수 없는 자연과 무엇보다 단단한 골프용품, 그리고 종잡을 수 없는 인간이 합쳐져서 행하는 것인지라 언제든지 위험이 상존하고 있으며, 사람들 사이에 행해지는 행위이기 때문에 당연히 각종 분쟁에 휘말릴 소지가 적지 않습니다. 실제로 골프장에서는 매일같이 사건·사고가 끊이지 않고 발생하고 있습니다. 최근에는 실내 골프장에서 발생하는 사건·사고도 적지 않습니다.

자, 그러면 이제 골프와 관련된 형사사건들을 찬찬히 살펴볼까요? 형사사건들을 살펴보기 전에 먼저 간단하게 법에 관한 기초 지식을 알아보도록 하겠습니다.

2. 법에 관한 기초 지식

사전적인 의미로 해석할 때 '법'이라 함은 "국가의 강제력을 수반하는 사회 규범. 국가 및 공공 기관이 제정한 법률, 명령, 규칙, 조례 따위"를 말합니다. 헌법은 국가 통치 체제의 기초에 관한 각종 근본 법규의 총체를 의미하고, 법률은 입법기관인 국회에서 제정하고 대통령이 서명한 뒤 공포하는 국법을 의미하며, 명령이나 규칙은 법률에서 위임한 사항들을 규정한 세부사항을 가리키며, 조례는 시의회 등 자치단체에서 만든 법규범을 말합니다. 이처럼 다양한 체계로 구분되는 법 가운데 국민의 일상 생활에 가장 밀접하고도 직접적인 영향을 미치는 법은 바로 입법기관인 국회에서 제정하는 '법률'입니다. 법률은 다양한 분야와 대상에 따라 여러 가지로 분류할 수 있는데 가장 핵심이 되는 분야는 '민사법'과 '형사법' 그리고 '행정법'입니다.

'민사법'은 민법이나 상법 등 주로 개인 간의 재산 또는 신분과 관련된 법률관계를 규율하는 법이고, '형사법'은 범죄와 형벌을 규율하는 법을 의미하고, '행정법'은 국가의 행정작용을 규율하는 법을 말합니다. 이 가운데 여기에서는 주로 골프와 관련된 형사사건을 대상으로 이를 규율하는 형법을 중심으로 살펴보기로 하겠습니다. 물론 골프와 관련이 있는 경우에는 민사법이나 행정법 분야에 관하여도 언급할 것입니다.

우리의 법체계 하에서는 민사책임과 형사책임이 구분되는 것이어서 어떤 행위가 양자에 모두 관련될 경우에는 각각의 책임이 부과될 수 있다는 점에 유의해야 합니다. 예컨대, 골프를 치던 중에 고의로 다른 사람의 골프채(타인의 재물)를 망가뜨렸다면 이는 형사적으로는 '손괴죄'의 책임을 지는 동시에 민사적으로는 골프채 값을 물어줘야 하는 '손해배상책임'을 함께 져야 하고, 동반자와 다툼이 생겨 골프채로 상대방을 가격하여 부상을 입혔다면 이는 형법상 '상해죄'가 성립됨과 동시에 민법상으로는 치료비라고 하는 '손해배상책임'을 동시에 져야 하는 것입니다.

3. 형법상 범죄의 성립

일반인들에게 "범죄란 무엇입니까?" 라고 물으면 대개 한참 생각하다가 "나쁜 행동이요", "도덕적으로나 윤리적으로 허용되지 않는 행위요", "법에서 금지하는 행위요"라는 식으로 답변을 합니다. 물론 이러한 답변이 틀린 것은 아니지만 형법상 범죄는 다음과 같이 정의합니다. 즉, 범죄란 '구성요건에 해당하고 위법하며 유책한 행위'라고요. 흔히 사용하지 않는 용어인지라 다소 어렵고 이해하기 힘들겠지만, 법률가나 법학자들은 이렇게 범죄를 정의하고 있습니다. 그러므로 어떤 행위가 범죄가 되기 위해서는(즉, 범죄가 성립하기 위해서는) '구성요건해당성', '위법성', '유책성'이 모두 갖추어져야 합니다. 어느 하나라도 결여되어 있으면 범죄가 성립하지 않기 때문에 무죄가 되는 것입니다. 그러면 이러한 정의는 과연 무엇을 뜻할까요?

먼저 '구성요건'이라 함은 어떤 범죄행위의 구체적인 내용을 말합니다. 예컨대, 살인죄는 우리 형법 제250조 제1항에 "사람을 살해한 자는 사형, 무기 또는 5년 이상의 징역에 처한다."라고 규정하고 있는데, 여기서 살인죄의 구성요건은 '사람을 살해한 자'입니다. 또 절도죄는 우리 형법 제329조에서 "타인의 재물을 절취한 자는 6년 이하의 징역 또는 1천만원 이하의 벌금에 처한다."라고 규정하고 있는데, 여기서 절도죄의 구성요건은 '타인의 재물을 절취한 자'입니다. 이렇듯이 형법규정은 구성요건과 그에 해당하는 형벌로 구성되어 있습니다. 따라서 어떤 행위가 범죄가 되기 위해서는 우선 '구성요건'이 존재해야 하며, 당해 행위가 구성요건에 해당해야 합니다. 예컨대, 아무리 반도덕적이고 반윤리적인 행위라 하더라도 형법상 구성요건이 존재하지 않으면 범죄가 아니며, 설사 구성요건이 존재한다고 하더라도 당해 구성요건에 해당하지 않으면 범죄가 되지 않습니다. 예를 들어보자면, 부모에게 불효하는 자식은 도덕적으로나 윤리적으로 비난받을 만하지만 우리 형법에는 불효를 처벌하는 구성요건이 없으므로 범죄가 아닙니다. 또 다른 사람의 컴퓨터 안에 들어있는 보고서를 몰래 허락을 받지 않고 자신의 USB에 옮겼다고 하더라도 이는 절도죄에 해당하지 않습니다. 왜냐하면 컴퓨터 안에 저장되어 있는 보고서는 일종의 '정보'이기 때문에 이는 절도죄에서 규정하고 있는 '재물'이 아니기 때문입니다. 형법상 '재물'이란 고체·기체·액체 등 유체물과 전기 그리고 관리가 가능한 동력(에너지)을 의미하므로 이에 속하지 않는 정보나 서비스는 재물에 속하지 않습니다.

두 번째 요건은 '위법성'인데, 설사 어떤 행위가 구성요건에 해당한다고 하더라도 그 행위가 전체 법질서에 비추어볼 때 위법하지 않고 정당하다는 평가를 받으면 그 행위는 범죄를 구성하지 않습니다. 이를 '위법성조각사유' 또는 '정당화사유'라고 합니다. 일반적으로 잘 알려져 있는 정당방위나 긴급피난 등이 바로 위법성조각사유에 해당하는데 우리 형법은 이외에도 정당행위, 자구행위, 피해자의 승낙 등의 규정을 두어 설사 구성요건에 해당하더라도 정당하다고 판단하여 범죄성립을 부정합니다. 후술하는 각 사례에서 범죄성립을 부정하는 근거로 '사회상규에 반하지 않기 때문에' 범죄가 성립하지 않는다는 표현이 자주 등장하는데 여기에서 발하는 '사회상규에 반하지 않는 행위'가 바로 정당행위입니다. 따라서 어떤 행위가 범죄로 되기 위해서는 구성요건에 해당하고 위법해야 합니다.

세 번째 요건은 '책임(유책성)'입니다. 이는 앞서 언급한 구성요건에 해당하고 위법한 행위를 한 '사람'에 대한 비난 가능성입니다. 예컨대, 다른 사람의 집에 불을 지른 사람이라고 하더라도 그자가 정신병자였다고 한다면 그는 형법상 '심신상실자'에 해당하기 때문에 그자의 행위를 비난할 수 없어 범죄성립을 부정합니다. 또 만 14세가 되지 않는 소년이 범죄를 저질렀다고 하더라도 그는 '형사미성년자'에 해당하기 때문에 그의 행위를 비난할 수 없어 '책임'이 부정되어 범죄가 성립하지 않게 됩니다.

그러므로 형법상 범죄가 성립하기 위해서는 위에서 언급한 '구성요건해당성', '위법성', '책임(유책성)'이 모두 갖추어져야만 합니다.

쓸모있는 골프상식

골프(Golf)의 유래

골프의 기원에 대하여는 여러 가지 설이 있습니다. 첫째, 가장 보편적으로 받아들여진 설은 스코틀랜드 기원설입니다. 즉, 양치기들이 양을 몰면서(이것을 드라이브[drive]라고 합니다. 그래서 골프채 가운데 가장 크고 멀리 보내는 채를 '드라이버'[driver]라고 합니다.) 둥근 돌이나 나무토막을 막대기로 쳐서 토끼굴 같은 구멍에 집어넣은 놀이에서 시작했다는 것입니다.

둘째, 네덜란드의 콜프(Kolf)나 독일의 콜벤(Kolven)에서 유래한 것으로서 이는 빙판에서 나무조각이나 돌 같은 것을 스틱으로 치는, 마치 오늘날 아이스하키 같은 놀이에서 유래되었다는 설입니다.

셋째, 로마에서 유행하던 파가니카(paganika)라는 공놀이가 로마군을 통해 영국에 도입되었다는 설입니다.

그밖에도 라틴어의 공을 뜻하는 'Globus'에서 유래했다는 설, 심지어 10세기경 중국 남송에서 행하던 '츠이완'이라는 놀이에서 유래했다는 설까지 있습니다.

아울러 'golf'라는 용어는 스코틀랜드의 고어인 'goff'나 'gowf'에서 유래했다는 설이 유력합니다.

참고자료

김기태, 골프 상식사전, 길벗, 2019, 23-24면 참조.

田代靖尚, 知的シングルになるためのゴルフ語源辭典, 日経プレミアシリーズ、日本經濟新聞出版社, 2010.

http://kjga.or.kr/index/menu_outline/outline_history/history_a.htm

그림 1 골프의 기원 중 하나라고 여기는 13세기에 행해진 콜프(Kolf)

출처: https://en.wikipedia.org/wiki/History_of_golf#/media/File:Bruges_
Public_Library_Manuscript_251_folio_149r_detail_golf.jpg

골프 치면서 사고는 치지 맙시다

Hole

02

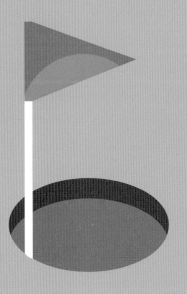

앗! 티샷이 캐디에
맞았어요

Hole 2

앗! 티샷이 캐디에 맞았어요

('캐디 타격' 사례: 과실치상죄)

대상판례

대법원 2008. 10. 23., 선고, 2008도6940, 판결

❶ 사실관계

갑은 티샷 스윙을 하면서 좌측 발이 뒤로 빠진 채 공을 쳤는데, 골프공이 갑의 등 뒤쪽으로 날아가 등 뒤쪽 약 8m 지점에 서 있던 경기보조원(캐디)의 하복부에 맞아 쓰러져 요추부염좌 등의 진단을 받았다.

❷ 판결요지

[1] 골프와 같은 개인 운동경기에 참가하는 자는 자신의 행동으로 인해 다른 사람이 다칠 수도 있으므로, 경기 규칙을 준수하고 주위를 살펴 상해의 결과가 발생하는 것을 미연에 방지해야 할 주의의무가 있다. 이러한 주의의무는 경기보조원에 대하여도 마찬가지로 부담한다.

[2] 운동경기에 참가하는 자가 경기규칙을 준수하는 중에 또는 그 경기의 성격상 당연히 예상되는 정도의 경미한 규칙위반 속에 제3자에게 상해의 결과를 발생시킨 것으로서, 사회적 상당성의 범위를 벗어나지 아니하는 행위라면 과실치상죄가 성립하지 않는다. 그러나 골프경기를 하던 중 골프공을 쳐서 아무도 예상하지 못한 자신의 등 뒤편으로 보내어 등 뒤에 있던 경기보조원(캐디)에게 상해를 입힌 경우에는 주의의무를 현저히 위반하여 사회적 상당성의 범위를 벗어난 행위로서 과실치상죄가 성립한다.

참조조문

형법 제266조 (과실치상) ① 과실로 인하여 사람의 신체를 상해에 이르게 한 자는 500
　　만원 이하의 벌금, 구류 또는 과료에 처한다.

형법 제20조 (정당행위) 법령에 의한 행위 또는 업무로 인한 행위 기타 사회상규에 위배
　　되지 아니하는 행위는 벌하지 아니한다.

해설

　이 사례는 골퍼가 티샷을 했는데 공이 빗맞아 골퍼의 뒤에 서 있던 캐
디에게 맞아서 부상을 입힌 사건입니다. 이 판례에서는 골프와 같은 개
인 경기에서도 일반 사회생활에서와 같은 '주의의무'가 있다는 것을 분
명히 하고 있습니다. 인간은 다른 사람과 더불어 살아가므로 항상 자신
의 행위로 인해 다른 사람이 피해를 받지 않도록 노력해야 하는 의무가
있는데, 이때의 의무를 주의의무라고 합니다. 즉, 일반적으로 사람이 사
회생활을 하면서 기울여야 할 통상적인 주의의무를 의미합니다. 만약 이
러한 주의의무를 다하지 못하여 어떤 범죄적 결과가 발생했다면 이것을
'과실(過失)'이라고 하는데, 이러한 과실이 통상적인 일상생활에서 발생하
면 (단순)과실, 업무와 관련하여 발생하면 '업무상과실'이라고 합니다. 이
사례에서는 골프가 업무와 관련하여 발생한 것이 아니기 때문에 (단순)과
실치상죄에 해당하는 것이지요(업무상과실에 관하여는 Hole 3과 4에서 다루도록
하겠습니다).

　이 사례의 경우, 타구(打球)한 공이 피고인의 등 뒤쪽으로 8m나 날아
가 뒤에 서 있던 캐디를 맞춘다는 것은 통상 생각하기 어려운 일이지만,
골프는 생각지도 못한 타구가 빈번하게 나올 수 있습니다. 예컨대, 티
(tee)를 꽂고 치는 티샷의 경우 티의 밑 부분을 쳐서 공이 골프채의 윗부
분에 맞아 백스핀이 걸려 뒤로 날아가거나, 앞으로 친 공이 바위나 나무

를 맞고 뒤로 튕겨 나오는 경우는 얼마든지 있을 수 있기 때문입니다. 따라서 공을 칠 때에는 항상 사람이 맞거나 사물에 맞지 않도록 할 주의의무가 있습니다.

일반적으로 스포츠 경기나 운동시합은 정당행위의 일종으로 그러한 행위는 법에 위배되지 않는다고 보는 것이 통상적인 견해입니다(앞서 언급했듯이, 이를 전문적인 법률용어로서 '위법성조각사유'라고 합니다. 우리 형법에는 정당행위[제20조], 정당방위[제21조], 긴급피난[제22조], 자구행위[제23조], 피해자의 승낙[제24조]을 위법성조각사유로 규정하고 있습니다). 따라서 운동경기를 하다가 설사 상대방에게 부상을 입혔다고 하여도 그것이 사회상규에 반하지 않는다면 정당한 행위로서 위법하지 않습니다.

이 판례는 '사회적 상당성'의 개념을 적용한 점이 특징인데, 본래 사회적 상당성이란 독일의 형법학자인 벨첼(Welzel)이 주장한 것으로서 "어떤 행위가 역사적으로 인정된 사회질서의 한계를 벗어나지 않아 그것이 일반적으로 흔히 있는 일로 여겨지고 따라서 마땅히 처벌할 가치 없는 행위"를 의미합니다. 이 경우 학설이 나누어지기는 하지만 일반적으로는 이를 사회상규와 마찬가지로 보아 위법하지 않아 정당한 행위라고 간주됩니다. 이 판례에서는 행위자가 이러한 주의의무를 다하지 않아 사회적 상당성의 범위를 넘어 사람에게 상해를 입혔다면 과실치상죄가 성립한다고 판시하고 있는데, 이는 타당한 결론이라고 할 수 있습니다.

🔵 민사상 손해배상 사례: 일본과 우리나라

일본의 경우, 타구한 골프공이 옆 홀로 날아가 거기에서 플레이를 하고 있던 골퍼를 맞힌 사례에서 과실을 인정하여 손해배상책임을 인정한 사례('Mカントリーグラブ事件', 東京地裁, 平成元年(1989) 3月30日判決)가 있습니다.

우리의 경우, "甲 운영의 실내 스크린 골프연습장에서, 乙에 의하여 타격된 골프공이 ··· 대기석 소파에 앉아 있던 丙이 오른쪽 눈 부위를 맞아 녹내장 등 상해를 입은 사안에서, 甲은 업무상 주의의무위반으로 인하여 丙이 입은 손해를 배상할 책임이 있다"고 한 사례(서울중앙지법 2012. 2. 14., 선고, 2010가합113750, 판결)와, "골프장 이용자가 친 골프공이 골프장 밖으로 날아가 ··· 운행중인 차량을 파손하고 ··· 운전자가 상해를 입은 사안"에서, 골프장 운영자의 손해배상책임을 인정한 사례(대전지법 2009. 2. 19., 선고, 2008나13058, 판결)가 있습니다.

유사 사건

골프 치던 중 공에 맞아 뇌진탕··· 법원 "가해자 책임 80%, 배상하라"

입력: 2023-09-14 10:17:57, 수정: 2023-09-14 10:49:52
배소영 기자 soso@segye.com, ⓒ세계일보 & Segye.com

골프 경기 도중 뒤에서 날아온 공에 맞은 사고와 관련해 가해자의 책임을 80%까지 인정한 법원 판결이 나왔다. 기존 판례는 가해자의 책임을 60%로 제한했었다. 대한법률구조공단에 따르면 대구지법 영천시법원은 골프 캐디 A씨가 B씨를 상대로 제기한 손해배상청구소송에서 "B씨는 410만원을 배상하라"고 판결했다.

경북의 골프장에서 캐디로 일하는 A씨는 2020년 6월 동료 캐디 3명과 골프장에서 골프경기를 가졌다. 이들 일행 4명은 모두 초보였고 특히 동료 B씨에게는 이날이 두 번째 골프장 라운딩이었다. B씨는 경기 초반부터 난조를 보여 공이 벙커에 빠졌다. 다섯 번이나 스윙했지만 벙커를 벗어나지 못했다. A씨와 캐디는 B씨에게 "공을 집어 카트를 타고 그린 앞 어프로치를 할 수 있는 위치로 옮기자"고 제안했다. B씨도 동의했다. A씨는 캐디와 함께 40m 전방 카트에 도착해 기다리던 중 B씨가 친공에 머리를 맞아 쓰러졌는데, 병원에서는 두개골 골절은 없는 뇌진탕에 해당한다고 판정했다. 부상을 당한 A씨는 사과와 배상을 받지 못할 것으로 생각해 민·형사상 책임을 묻기로 했다. 그 결과 형사사건에서 B씨는 2022년 과실치상으로 기소돼 벌금 70만원을 선고받고 형이 확정됐다.

민사 손해배상에서는 양측 주장이 팽팽하게 맞섰다. B씨와 B씨의 손해보험사는 "서울중앙지법의 2015년, 2017년 판결 2건을 살펴보면 타구 사고 가해자의 책임을 60%로 제한하고 피해자의 과실을 40%로 인정했다"며 손해배상금액 최고치를 180만원으로 제시했다. A씨는 손해배상 계산법이 불합리하다고 생각해 대한법률구조공단을 찾아 도움을 요청했다. 공단 측은 "보험사가 내세운 판례에서는 피해자가 일행의 티샷 이전에 앞으로 나가면 위험하다는 것을 알면서도 앞으로 나간 잘못이 있었다"며 "이번 사고는 A씨를 비롯한 일행 4명이 전방에 있는데도 약속을 어긴 채 아무런 경고음도 내지 않고 골프공을 쳤다"고 반박했다. 공단은 치료비 등 적극손해 75만원과 위자료 800만원의 손해배상을 청구했다. 재판부는 사건 경위 등을 고려해 A씨의 과실을 20%로 인정하고, B씨에 대해서는 (80%를 인정하여) A씨에게 350만원을 위자료로 지급하라고 판결했다. 공단 소속 유OO 변호사는 "과거 판례에서 골프장 타구사고 피해자의 과실이 40%로 인정된 사례가 있으나 사고 경위, 플레이어의 위치 등 제반 사정을 고려해 과실 비율은 조정될 수 있다"고 말했다.

출처: https://www.segye.com/newsView/20230914505611?OutUrl=daum

쓸모있는 골프상식

골프규칙을 만드는 곳은 R&A와 USGA

전세계 골프의 총본산이라고 할 수 있는 R&A(The Royal and Ancient Golf Club of St. Andrews)는 1754년 설립되었는데, 현재 스코틀랜드의 세인트 앤드류스 골프장 1번홀 바로 뒤에 있는 건물에 위치하고 있습니다. R&A는 처음에 세인트 앤드류스의 골프클럽으로 출발했는데, 1834년 윌리암 4세가 후원자가 되어 '로열'(Royal)이라는 칭호를 수여했다고 합니다.

골프 치면서 사고는 치지 맙시다

R&A는 미국과 멕시코를 관장하는 USGA(United States Golf Association)와 함께 영국과 그 외 지역의 골프와 관련된 사항들을 관장하고 있으면서 매 4년마다 서로 상의하여 골프규칙을 개정하고 있습니다.

참고자료

その道のスペシャルとChoice 編輯部編, The Openを巡る物語, ゴルフダイジェスト社, 2022.

https://www.randa.org/the-royal-and-ancient-golf-club

그림 2 **스코틀랜드 세인트 앤드류스 올드코스 뒤에 있는 R&A 건물**

출처: https://www.randa.org/articles/neil-donaldson-drives-in-as-new-captain

Hole
03

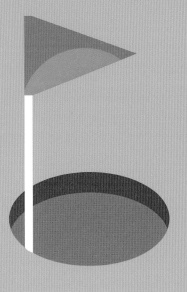

골프카트가
뒤집어졌어요!

Hole 3

골프카트가 뒤집어졌어요!

('골프카트 추락' 사례: 업무상과실치상죄[1])

대상판례

대법원 2010. 7. 22., 선고, 2010도1911, 판결

❶ 사실관계

피고인은 OO골프장 마지막 홀에서 티샷을 마친 피해자 등 4명을 골프카트에 태운 후 운행하면서 피해자 등에게 운행 중 카트 내부에 설치된 안전손잡이를 잡도록 고지하거나 피해자 등이 안전손잡이를 잡고 있는지 여부를 확인하지 않고 당시 운전석 뒷자리에 탑승하고 있던 피해자가 약 70도 우측으로 굽은 커브길에서 아스팔트로 포장된 카트 도로로 추락하여 피해자에게 두개골골절 등의 상해를 입혔다.

❷ 판결요지

[1] 골프 카트는 안전벨트나 골프 카트 좌우에 문 등이 없고 개방되어 있어 승객이 떨어져 사고를 당할 위험이 커, 골프 카트 운전업무에 종사하는 자로서는 골프 카트 출발 전에는 승객들에게 안전 손잡이를 잡도록 고지하고 승객이 안전 손잡이를 잡은 것을 확인하고 출발하여야 하고, 우회전이나 좌회전을 하는 경우에도 골프 카트의 좌우가 개방되어 있어 승객들이 떨어져서 다칠 우려가 있으므로 충분히 서행하면서 안전하게 좌회전이나 우회전을 하여야 할 업무상 주의의무가 있다.

[2] 골프장의 경기보조원인 피고인이 골프 카트에 피해자 등 승객들을 태우고 진행하기 전에 안전 손잡이를 잡도록 고지하지도 않고, 또한 승객들이 안전 손잡이를 잡았는지 확인하지도 않은 상태에서 만연히 출발하였으며, 각도 70°가 넘는 우로 굽은 길을 속도를 충분히 줄이지 않고 급하게 우회전한 업무상 과실로, 피해자를 골프 카트에서 떨어지게 하여 두개골골절, 지주막하출혈 등의 상해를 입게 하였다고 본 원심판단을 수긍한 사례.

참조조문

형법 제268조 (업무상과실·중과실 치사상) 업무상 과실 또는 중대한 과실로 인하여 사람을 사상에 이르게 한 자는 5년 이하의 금고 또는 2천만원 이하의 벌금에 처한다.
교통사고처리특례법 제3조 (처벌의 특례) ① 차의 운전자가 교통사고로 인하여 「형법」 제268조의 죄를 범한 때에는 5년 이하의 금고 또는 2천만원 이하의 벌금에 처한다.

해설

골프카트는 도로교통법상 '차'에 해당하므로(도로교통법 제2조 제17호 가목), "차의 운전자가 교통사고로 인하여 「형법」 제268조(업무상과실·중과실치사상)의 죄를 범한 경우에는 5년 이하의 금고 또는 2천만원 이하의 벌금에 처벌"됩니다(교통사고특례법 제3조 제1항). 차에 해당하는 골프카트는 안전벨트도 없을뿐더러 대부분 양쪽이 모두 열려 있어 승객이 떨어질 위험이 있으므로 골프카트를 운전을 할 때에는 특별히 주의의무를 다해야 합니다.

그런데 자동차를 운전하는 것은 '업무'에 해당하는데, 형법에서 '업무'라 함은 '사회생활상의 지위에 기하여 계속 반복적인 의사(意思)로 행하는 사무나 사업'을 의미합니다. 따라서 차를 운전하다가 부주의로 사람을 죽거나 다치게 한다면 그것은 업무로 인하여 차를 몰다가 부주의로 사람을 다치게 한 것이므로 '업무상과실치상죄'에 해당합니다.

우리나라의 일반적인 골프장의 경우 골프카트를 운전하는 자는 대부분 캐디인데, 캐디는 골프카트를 운전하면서 승객들에게 안전에 대한 주의를 환기시켜야 하고, 좌우가 개방되어 있는 골프카트라면 더욱 서행하면서 안전하게 운행해야 했을 것입니다. 더구나 70°가 넘는 우로 굽은 길을 속도를 충분히 줄이지 않고 급하게 우회전한 것은 필요한 주의의무를 다하지 않았기 때문에 업무상과실을 인정하기에 충분하다 할 것입니다. 최근 들어 이른바 '노캐디'로 운영하는 골프장이 늘어가고 있는데, 일반인인 골퍼가 카트를 운행해야 하는 경우가 많아진다면 골프장 측에서는 카트운전자에게도 특별한 주의의무가 있다는 것을 고지해야 할 것이고, 골퍼 역시 사고가 발생하지 않도록 주의의무를 다해야 할 것입니다.

유사 사건

**골프장 카트 언덕 아래로 굴러 근로자 1명 사망 OOCC서…
중상 1명, 경상 1명도**

입력 2023.09.05. 17:24
이종구 기자 minjung@hankookilbo.com, 한국일보

2023년 9월 5일 낮 12시 10분쯤 경기 화성시 OO컨트리클럽에서 골프카트가 넘어지면서 근로자 3명이 숨지거나 다치는 사고가 났다. 사고는 골프장에서 일하는 60대와 70대 여성 근로자 3명이 점심 식사를 마친 후 카트를 타고 휴식장소로 이동하던 중 발생했다. 당시 카트는 골프장 내 도로에서 유턴을 하던 중 언덕 아래로 굴러떨어진 것으로 파악됐다.

이 사고로 카트에 타고 있던 70대 A씨가 숨졌고, 운전석에 앉아 있던 70대 B씨가 중상을 입어 병원으로 옮겨져 치료받고 있다. 또 다른 탑승자 60대 C씨는 경상을 입었다.

출처: https://www.hankookilbo.com/News/Read/A2023090517150001220?did=DA

쓸모있는 골프상식

골프카트의 유래는?

우리나라나 일본 등 대부분의 나라에서는 골프장에서 골프카트를 타고 다니면서 골프를 치는 것이 일반적이지만 골프는 원래 '걷는 운동'입니다. 골프의 발상지인 영국은 물론 미국이나 호주 등에서는 아직도 노약자나 장애인만 골프카트를 타도록 되어 있는 골프장도 있습니다.

1932년 처음 등장했던 골프카트는 관절염으로 고생했던 Lyman Beecher이라는 미국 플로리다에 사는 사람이 편하게 골프를 치기 위해 발명했는데, 당시 골프카트는 캐디 두 명이 끄는 형태의 카트였다고 합니다. 그 후 로스앤젤레스에 사는 John Keener Wadley라는 사람이 마트에서 사용되는 3발 달린 카트에서 착안하여 전기로 작동하는 골프카트를 만들었고, 이것을 1950년대에 텍사스의 석유재벌인 R.J. Jackson이 특허를 내어 전기 골프카트를 만들었다고 합니다. 지금은 전세계적으로 매우 다양한 형태의 골프카트가 사용되고 있습니다. 혹자에 따르면 최초의 골프카트는 자전거였다고 하네요.

참고자료

https://www.cartbarn.com/blog/what-is-the-history-of-the-golf-cart--48038

그림 3 다양한 형태의 골프카트

출처: https://www.cartbarn.com/blog/what-is-the-history-of-the-golf-
cart—48038)

Hole

04

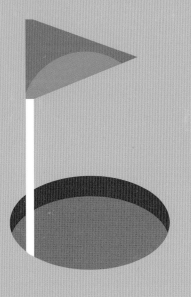

캐디가 못 본 사이에~

Hole 4
캐디가 못 본 사이에~
('캐디의 주의의무' 사례: 업무상과실치상죄[2])

대상판례

대법원 2022. 12. 1., 선고, 2022도11950, 판결

① 사실관계

골프의 경기보조원(캐디) 갑은 A(피해자), B, C, D 등 네 사람의 골퍼를 골프카트에 태우고 골프경기를 보조하던 중 제8번 홀에서 각자의 티샷이 모두 다른 곳에 떨어져 이들을 골프카트에 태우고 공이 떨어진 곳으로 이동하여 두 번째 샷을 위해 A와 B를 카트에 태워 이동하다가 B의 공을 지난 지점에 정차함으로써 A가 B의 앞쪽에 위치하도록 하였고, 걸어서 이동해 온 C에게는 그의 공을 찾아 페어웨이 안쪽으로 놓아준 후 골프채를 건네준 다음, 곧바로 D가 공을 찾고 있는 곳으로 이동하였다. 그런데 B가 두 번째 샷을 했는데 그 공이 앞에 있던 A에게 맞아 부상을 입었다.

② 판결요지

[1] 업무상과실치상죄의 '업무'란 사람의 사회생활면에서 하나의 지위로서 계속적으로 종사하는 사무로, 수행하는 직무 자체가 위험성을 갖기 때문에 안전배려를 의무의 내용으로 하는 경우는 물론 사람의 생명·신체의 위험을 방지하는 것을 의무의 내용으로 하는 업무도 포함한다.

[2] 골프와 같은 개인 운동경기에서, 경기에 참가하는 자는 자신의 행동으로 인해 다른 사람이 다칠 수도 있으므로 경기규칙을 준수하고 주위를 살펴 상해의 결과가 발생하는 것을 미연에 방지해야 할 주의의무가 있고, 경

기보조원은 그 업무의 내용상 기본적으로는 골프채의 운반·이동·취급 및 경기에 관한 조언 등으로 골프경기 참가자를 돕는 역할을 수행하면서 아울러 경기 진행 도중 위와 같이 경기 참가자의 행동으로 다른 사람에게 상해의 결과가 발생할 위험성을 고려해 예상할 수 있는 사고의 위험을 미연에 방지하기 위한 조치를 취함으로써 경기 참가자들의 안전을 배려하고 그 생명·신체의 위험을 방지할 업무상 주의의무를 부담한다.

참조조문

형법 제266조 (과실치상) ① 과실로 인하여 사람의 신체를 상해에 이르게 한 자는 500만원 이하의 벌금, 구류 또는 과료에 처한다.

② 제1항의 죄는 피해자의 명시한 의사에 반하여 공소를 제기할 수 없다.

형법 제268조 (업무상과실·중과실 치사상) 업무상과실 또는 중대한 과실로 사람을 사망이나 상해에 이르게 한 자는 5년 이하의 금고 또는 2천만원 이하의 벌금에 처한다.

해설

이 사례는 경기보조원인 캐디의 주의의무를 확인한 판례입니다. 일반적으로 캐디는 골프에 참가한 사람들의 안전을 도모하고, 발생할 수 있는 위험을 미연에 방지해야 할 주의의무가 있는데, 골퍼들이 공을 치면서 다른 사람에게 맞지 않도록 할 주의를 줄 의무가 있는데도 불구하고 이를 다하지 않아 골퍼가 다른 골퍼에게 잘못 공을 쳐 공에 맞아 부상을 입었다면 캐디에게 업무상 주의의무가 있기 때문에 업무상과실치상죄가 성립한다고 판단하고 있습니다.

이 판례에서 밝히고 있듯이, 업무상과실치상죄의 '업무'란 사람의 사회생활면에서 하나의 지위로서 계속적으로 종사하는 사무로, 수행하는 직무 자체가 위험성을 갖기 때문에 안전배려를 의무의 내용으로 하는 경우는 물론 사람의 생명·신체의 위험을 방지하는 것을 의무의 내용으로 하는 업무도 포함합니다. 업무상과실을 단순과실보다 무겁게 처벌하는 이유에 대하여 여러 가지 학설이 있는데, 업무를 담당하는 사람에게는 그렇지 않은 사람보다 주의능력이나 주의의무가 더 높다는 데에서 찾는 학설이 타당합니다.

　업무는 사회생활상의 지위에 기한 지위이기 때문에 전업주부의 가사 활동도 이에 속하는가에 대하여 학설은 대체로 전업주부가 주로 하는 가사활동 증, 취사, 세탁, 육아 등의 행위는 사람의 신체나 생명에 위험을 초래하는 업무라고 보기 어려우므로 주부가 뜨거운 물을 엎질러 아이에게 화상을 입힌 경우에는 업무상과실이 아니라 단순과실로 해석하고 있습니다. 이러한 업무는 어느 정도 계속성이 있어야 하므로 단 1회에 그친 경우라도 계속하려는 의사로 행했다면 그것은 업무에 해당합니다. 예컨대, 운전면허증을 교부받은 날 운전을 하다가 사고를 일으킨 경우에도 이는 업무상과실에 해당합니다. 나아가 사무란 의사의 치료행위나 운전자의 운전행위처럼 자기가 처한 사회생활상의 위치에서 행하는 행위로서, 사무인 이상 본무나 부수 업무, 영리나 비영리, 공무나 사무(私務), 적법 또는 부적법, 무면허를 불문하지만, 소매치기나 밀수 등 그 자체로서 불법한 사무는 사회생활상 용인되지 않으므로 형법상 업무에 속하지 않습니다. 또 업무는 사람의 생명이나 신체에 위험을 초래하는 사무만 해당하므로 예컨대, 서점 주인이 쌓아놓은 책을 건들여 이것이 쓰러져 책을 사러 온 사람에게 부상을 입혔다고 하여도 이는 서점 주인이 하는 일이 사람에게 위험을 초래하는 일이 아니기 때문에 업무상과실에 해당하지 않습니다.

유사 사건

골프장 카트 사고, 40대 이용객 뇌사 판정…
운전한 캐디도 나흘 뒤 극단적 선택

2023년 06월 19일 09시 35분 입력

YTN 곽현수 (abroad@ytn.co.kr), [저작권자(c) YTN]

골프장에서 전동카트가 넘어지는 사고로 인해 40대 이용객이 뇌사 판정을 받았고, 카트를 운전했던 캐디도 극단적 선택을 하는 일이 발생했다. 18일 경기 용인동부경찰서에 따르면 지난 16일 오후 4시 15분경 용인시의 한 아파트 1층에서 50대 A씨가 쓰러진 채 발견돼 병원으로 옮겨졌으나 끝내 사망했다.

용인시의 한 골프장에서 캐디로 일하던 A씨는 지난 12일 오후 전동카트를 운행하던 중 커브 길에서 옆쪽으로 넘어지는 사고를 냈다. 이에 조수석에 타고 있던 40대 이용객 B씨가 머리를 크게 다쳐 병원으로 옮겨졌다. 이후 B씨는 의료진으로부터 뇌사 판정을 받았으며 지난 17일 숨을 거뒀다. 이후 A씨는 이번 사고 발생 등으로 인해 심적 부담을 느껴 유서를 남기고 극단적인 선택을 한 것으로 알려졌다.

한편 경찰은 A씨의 사망에 따라 이번 사건을 '공소권 없음'으로 마무리할 예정이다.

출처: https://www.ytn.co.kr/_ln/0103_202306190935015924

쓸모있는 골프상식

캐디(Caddie)의 유래는 프랑스어 'Cadet'에서

골프의 경기보조원, 일반적으로 캐디(caddie)라고 부르는 이는 어디에서 유래할까요? 이를 알기 위해서는 골프의 역사를 알 필요가 있습니다. 16세기 중엽 스코틀랜드에서 태어나 프랑스의 프랑스와 2세에게 시집간 메리 스튜어트(Mary Stewart or Stuart) 여왕은 불행하게도 남편이 죽자 다시 스코틀랜드에 돌아오게 되었는데, 당시 스코틀랜드에서 유행했던 골프를 매우 사랑한 (아마도 최초?) 여성골퍼입니다. 그때 프랑스에서 데리고 온 시종들이 있었는데 골프를 칠 때 이들을 데리고 다니면서 수발을 들도록 했다네요. 이들이 바로 캐디의 기원입니다.

그런데 이 캐디는 프랑스어의 '카데'(cadet)에서 유래되었다고 합니다. 프랑스에서는 전통적으로 귀족의 장남으로 하여금 가계를 잇게 했고, 차남부터는 궁정에서 왕이나 왕비를 돕는 일을 하는 군인으로서 사관후보생이 되도록 했는데, 이들이 바로 카데입니다. '카데'는 그 외에도 둘째 아들이라는 의미도 있다네요. 이 '카데'가 스코틀랜드에 건너오게 되면서 '캐디'가 되었다고 합니다.

참고자료

田代靖尚, 知的シングルになるためのゴルフ語源辭典, 日経プレミアシリーズ, 日本經濟新聞出版社, 2010.

골프 치면서 사고는 치지 맙시다

그림 4 초창기 스코틀랜드의 골퍼와 캐디 모습(1790년대)

출처: https://en.wikipedia.org/wiki/Caddie_(historical_occupation)#/
media/File:Golf_caddy.JPG)

Hole
05

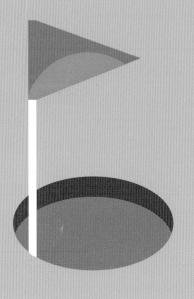

러브샷도 강제추행?

Hole 5

러브샷도 강제추행?

('러브샷' 및 '매장 여직원' 사례: 강제추행죄)

대상판례

대법원 2008. 3. 13., 선고, 2007도10050, 판결

❶ 사실관계

피고인이 이 사건 당일 OO 컨트리클럽 회장 공소외인 등과 골프를 친 후 위 컨트리클럽 내 식당에서 식사를 하면서 그곳에서 근무 중인 여종업원인 피해자들에게 함께 술을 마실 것을 요구하였다가 피해자들로부터 거절당하였음에도 불구하고, 위 컨트리클럽의 회장인 위 공소외인과의 친분관계를 내세워 피해자들에게 어떠한 신분상의 불이익을 가할 것처럼 협박하여 피해자들로 하여금 목 뒤로 팔을 감아 돌림으로써 얼굴이나 상체가 밀착되어 서로 포옹하는 것과 같은 신체접촉이 있게 되는 이른바 러브샷의 방법으로 술을 마시게 하였다.

❷ 판결요지

골프장 여종업원들이 거부의사를 밝혔음에도, 골프장 사장과의 친분관계를 내세워 함께 술을 마시지 않을 경우 신분상의 불이익을 가할 것처럼 협박하여 이른바 러브샷의 방법으로 술을 마시게 한 사안에서 강제추행죄를 인정하였다.

참고판례

대구지법 2012. 6. 8., 선고, 2011고합686, 판결

1 사실관계

　OO골프장에서 근무하는 피고인 을은 위 골프용품 매장에서, 카운터 밖에 서 있는 피해자를 보고 왼손 손가락으로 피해자의 왼쪽 가슴을 찌르고, 왼손으로 피해자의 등을 쓰다듬고 피해자의 오른쪽 팔을 만지고 상반신 부분을 만졌다.

2 판결요지

　피고인이 만진 甲의 어깻죽지 부분은 일반적으로 이성 간에도 부탁, 격려 등의 의미로 접촉 가능한 부분이고, 피고인이 찌른 부분은 젖가슴보다는 쇄골에 더 가까워 상대방의 허락 없이 만질 수 있는 부분은 아니더라도 젖가슴과 같이 성적으로 민감한 부분은 아니며, 피고인의 행위는 1초도 안 되는 극히 짧은 순간 이루어져 甲이 성적 수치심을 느끼기보다는 당황하였을 가능성이 더 높고, 甲이 피고인의 행위로 인해 내심 불쾌감을 느꼈더라도 외부적으로 특별한 변화 없이 웃는 인상을 지으며 피고인과 대화를 이어가고 자기 업무를 계속한 점 등 제반 사정을 종합할 때,… 그러한 행위가 객관적으로 일반인에게 성적 수치심이나 혐오감을 일으키게 하고 선량한 성적 도덕관념에 반하는 행위로서 피해자의 성적 자유(성적 자기결정권)를 폭력적으로 침해한 행위태양에까지 이른 것으로 평가하기 어렵고, 피고인에게 강제추행의 고의를 인정하기도 어렵다는 이유로 무죄를 선고하였다.

참조조문

형법 제298조 (강제추행) 폭행 또는 협박으로 사람에 대하여 추행을 한 자는 10년 이하의 징역 또는 1천500만원 이하의 벌금에 처한다.

🔵 해설

강제추행죄는 상대방에게 폭행이나 협박을 가해 추행행위를 하는 행위를 의미하는데, 여기에서 말하는 '추행'은 객관적으로 일반인에게 성적 수치심이나 혐오감을 일으키게 하고 선량한 성적 도덕관념에 반하는 행위로서 피해자의 성적 자유를 침해하는 것을 의미합니다. 그런데 이에 해당하는지 여부는 피해자의 의사, 성별, 연령, 행위자와 피해자의 이전부터의 관계, 그 행위에 이르게 된 경위, 구체적 행위태양, 주위의 객관적 상황과 그 시대의 성적 도덕관념 등을 종합적으로 고려하여 결정해야 합니다.

대법원은 "피해자와 춤을 추면서 피해자의 유방을 만진 행위가 순간적인 행위에 불과하더라도 피해자의 의사에 반하여 행하여진 이른바 '기습추행'인 경우에도 '폭행행위 자체가 추행행위라고 인정되는 경우'에는 유형력의 행사에 해당하고 피해자의 성적 자유를 침해할 뿐만 아니라 일반인의 입장에서도 추행행위라고 평가될 수 있는 것으로서, 폭행행위 자체가 추행행위라고 인정되어 강제추행에 해당된다."고 판시하고 있습니다. [대상판례]는 이 사건에 대하여 피고인의 행위가 여러 사정 등을 고려할 때 피해자의 의사에 반하여 성적 수치심을 일으키게 한 것으로서 이는 강제추행죄에 해당한다고 판시하고 있습니다.

반면 [참고판례]는 "피고인이 만진 부분이 피해자의 젖가슴보다는 윗부분인 쇄골 부분으로서 1초도 안 되는 극히 짧은 순간 이루어져 성적 수치심을 느끼기 보다는 성희롱에 가까운 언동이었고,… 피고인의 행위가 폭행행위와 추행행위가 동시에 실현된 유형력의 행사라고까지 평가하는 것도 무리이기 때문에 강제추행죄를 인정하기 어렵다."고 판시하였습니다.

결국 강제추행죄가 성립하기 위해서는 그것이 추행이든 기습추행이든 간에 적어도 그 행위가 '객관적으로 일반인에게 성적 수치심이나 혐오감을 일으키게 하고 선량한 성적 도덕관념에 반하는 행위로서 피해자의 성적 자유를 침해하는 것'이라고 할 것이고, 그 정도에 이르지 않았다고 한다면 설령 사회윤리적인 비난이 가해지는 '성희롱'에 해당할 수는 있을지언정 강제추행에는 해당하지 않는다고 보아야 할 것입니다(현행법상 성희롱은 형법상 범죄가 아니라 민사법상 손해배상의 대상입니다).

이러한 측면을 감안할 때, [대상판례]에서 피고인의 행위가 강제추행에 해당하는지는 의심의 여지가 있습니다. 왜냐하면 이 사례에서 피고인의 행위는 어떤 성적 의도나 동기에 의해 신체접촉을 했다기보다는 '잘못된 음주습관에 기인'하여 적절치 못한 행위를 한 것으로 볼 여지가 크기 때문입니다. 즉, 강제추행이 성립하기 위해서는 어떤 의미에서든 '현저한 성적 의미'를 담고 있어야 하는데 원치 않는 신체접촉이 있다고 해서 그것이 곧 강제추행으로 해석하는 것은 과잉형법의 행사로서 무리가 있다고 볼 여지가 있을 것입니다(참고로 오스트리아 형법은 이러한 입법형식을 취하고 있습니다).

다른 사례에서도 대법원은 "육군 중대장이 소속 중대원들의 젖꼭지 등 특정 신체부위를 비틀거나 때린 사안에서, 장소의 공개성, 범행시각, 피해자들이 불특정 다수인 점 등에 비추어 군이라는 공동사회의 건전한 생활과 군기를 침해하는 비정상적인 성적 만족 행위라고 보기 어려우므로, 군형법 제92조의 추행죄에 해당하지 않는다."(대법원 2008. 5. 29., 선고, 2008도2222, 판결)고 판시한 바 있습니다.

따라서 이 사례에서 피고인의 행위는 강제추행죄라기보다는 오히려 평소의 나쁜 술버릇으로 인한 강요죄에 가까운 것이 아닌가 생각합니다. 강요죄는 "폭행 또는 협박으로 사람의 권리행사를 방해하거나 의무없는 일을 하게 한" 행위를 말하는데, 이 사례의 경우는 협박을 사용하여 여종업원에게 '의무없는 일', 즉 러브샷을 하게 했으므로 개인적으로는 강요죄에 해당하는 것이 더 타당하다고 생각합니다.

유사 사건

"볼 꼬집고 허벅지 쓰다듬고"…
회식 중 20대 女캐디 추행 30대 마스터

입력 2023-08-11 10:19:30
이상규 기자 boyondal@mk.co.kr, 매일경제

회식 중 만취해 골프장 캐디 볼을 꼬집고 어깨·배·허벅지를 만져 추행한 30대 캐디 마스터가 징역형을 선고받았다. 11일 법조계에 따르면 춘천지법 원주지원 형사1단독 김OO 부장판사는 강제추행 혐의로 기소된 A(32)씨에게 징역 6개월에 집행유예 1년을 선고했다. 법원은 또 A씨에게 40시간 성폭력 치료 강의 수강을 명령했다.

캐디 마스터인 A씨는 지난해 2월 14일 오후 8시 30분께 원주시의 한 식당에서 회식 중 손으로 캐디 B(24·여)씨의 어깨를 만지고 허벅지를 여러 차례 쓰다듬는가 하면 배 부위를 두드리며 볼을 꼬집는 등 강제추행 혐의로 재판에 넘겨졌다. A씨는 재판 과정에서 술에 취해 기억이 나지 않을 뿐더러 4개월이 지난 뒤에 고소한 점을 들어 과장된 고소라고 주장했다. 또 어깨·배·허벅지에 대한 추행은 무죄라고 했다.

이에 김 부장판사는 "평소 술자리에서 피고인이 다른 남자 직원의 뺨을 때린 것도 기억 못 할 정도로 만취한 것에 볼 때 공소사실과 같은 행위를 하고도 기억하지 못할 가능성이 있다"고 판단했다. 이어 "피해자의 법정진술 등은 구체적이고 일관돼 서로 모순되지 않은 만큼 공소사실은 모두 유죄로 인정된다"고 밝혔다. 1심 판결에 불복해 검사 측이 항소한 이 사건은 춘천지법에서 2심이 진행 중이다.

출처: https://www.mk.co.kr/news/society/10805819

쓸모있는 골프상식

누드 골프장이 있다고요?

　세계 곳곳에는 누드 해변이 있다고 알려져 있는데, 믿기지 않지만, 프랑스 보르도 지방의 서쪽에 있는 아키텐에는 '라 제니'(La Jenny, Domaine Résidentiel Naturiste)라는 누드 골프장이 있다고 합니다. 이곳은 1993년에 설립된 복합레저시설로서 골프뿐만 아니라 테니스, 승마, 수영, 다이빙 등 다양한 스포츠가 가능하다고 합니다. 숙박비용은 숙박시설 형태에 따라 40~100유로라고 하는데, 골프장은 Par3 홀이 4개, Par4 홀이 2개로 모두 6개 홀로 구성되어 있으며(총 Par 20), 18홀을 하고 싶으면 세 번 돌면 된다고 합니다.

　이 골프장의 독특한 규칙은 당연히 옷을 입어서는 안 되고, 골프장 내에서는 절대 성행위 금지, 그리고 성적 도구를 사용할 수 없다는 것 등이랍니다. 물론 이 골프장에서는 골프채는 물론 골프공이나 기타 골프에 필요한 물건들을 빌려준다고 하네요. 혹시 관심이 있으신 분들은 프랑스 여행 중에 들려보시길~~

참고자료

Andrew Ward, *Golf's Strangest Rounds*, London: Portico, 2016.

https://www.lajenny.fr/en/activities-and-entertainment-in-the-naturist-village-la-jenny/

그림 5 La Jenny 골프장의 모습

출처: https://www.lajenny.fr/en/activities-and-entertainment-in-the-
naturist-village-la-jenny/naturist-golf-course-near-bordeaux/

Hole

06

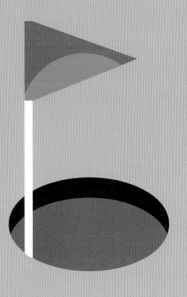

조장은 한심한 인간~

Hole 6

조장은 한심한 인간~

('캐디세상 모욕' 사례: 모욕죄)

대상판례

대법원 2008. 7. 10., 선고, 2008도1433, 판결

❶ 사실관계

피고인은 인터넷사이트상의 '캐디세상'이라는 공개된 카페의 '벌당벌금제도'라는 게시판에 '재수 없으면 벌당 잡힘. 규칙도 없음. 아주 조심해야 됨. 부장이나 조장 마주치지 않게 피해서 다녀야 됨. 조장들 한심한 인간들임. 불쌍한 인간임. 잘못 걸리면 공개처형됨'이라는 내용의 글을 작성·게시함으로써 위 골프클럽 조장이던 피해자를 공연히 모욕하였다는 이유로 기소되었다.

❷ 판결요지

[1] 모욕죄에서 말하는 모욕이란, 사실을 적시하지 아니하고 사람의 사회적 평가를 저하시킬 만한 추상적 판단이나 경멸적 감정을 표현하는 것으로, 어떤 글이 특히 모욕적인 표현을 포함하는 판단 또는 의견의 표현을 담고 있는 경우에도 그 시대의 건전한 사회통념에 비추어 그 표현이 사회상규에 위배되지 않는 행위로 볼 수 있는 때에는 형법 제20조에 의하여 예외적으로 위법성이 조각된다.

[2] 골프클럽 경기보조원들의 구직편의를 위해 제작된 인터넷 사이트 내 회원 게시판에 특정 골프클럽의 운영상 불합리성을 비난하는 글을 게시하면서 위 클럽담당자에 대하여 한심하고 불쌍한 인간이라는 등 경멸적 표현을 한 사안에서, 게시의 동기와 경위, 모욕적 표현의 정도와 비중 등에 비추어 사회상규에 위배되지 않는다고 보아 모욕죄의 성립을 부정한 사례.

참조조문

형법 제311조 (모욕) 공연히 사람을 모욕한 자는 1년 이하의 징역이나 금고 또는 200만원 이하의 벌금에 처한다.

형법 제20조 (정당행위) 법령에 의한 행위 또는 업무로 인한 행위 기타 사회상규에 위배되지 아니하는 행위는 벌하지 아니한다.

해설

이 사례에서 '벌당'이란 '벌로 근무하는 당직' 또는 '벌을 받는 당번'이라는 뜻으로서 골프장에서 근무하는 캐디들이 근무에 위반되는 행위를 했을 때 새벽부터 저녁까지 디봇을 메우는 등 잡일을 하게 하는 불이익 처분을 말합니다.

모욕죄에서 말하는 모욕이란, "구체적인 사실을 적시하지 아니하고 사람의 사회적 평가를 저하시킬 만한 추상적 판단이나 경멸적 감정을 표현하는 것"을 의미합니다. 예를 들자면, 특정인에 대하여 공공연하게 욕을 한다거나 경멸적인 표현을 하는 행위가 바로 모욕행위인 것입니다.

모욕행위는 사실의 적시(摘示)가 없다는 점에서 명예훼손과 구별됩니다. 즉, 명예훼손죄는 입증할 수 있는 구체적인 사실을 드러내어 특정인의 명예를 훼손하는 행위이지만, 모욕죄는 구체적인 사실을 들지 않아도 성립됩니다. 예컨대, 우리 대법원판례를 보면, "아무 것도 아닌 똥꼬다리 같은 놈", "이 개같은 잡년아. 시집을 열두 번도 간 년아. 자식도 못 낳을 창녀같은 년.", "첩년", "만신"이라는 표현은 모욕죄에 해당한다고 판시하고 있습니다. 그러나 "부모가 그런 식이니 자식도 그런 것이다"("부모가 그 모양이니 자식도 그 모양")라는 표현은 너무 막연하여 모욕죄에 해당하지 않는다고 하였습니다.

법원은 다음의 논지를 들어 피고인에게 모욕죄를 인정하지 않았습니다. 즉, "피고인의 표현은 골프클럽 경기보조원인 회원들 사이의 각 골프클럽에 대한 평가 내지 의견교환의 장소에서, 피고인이 개인적으로 실제 경험하였던 특정 골프클럽 제도운영의 불합리성을 비난하고 이를 강조하는 과정에서 그 비난의 대상인 제도의 담당자인 피해자에 대하여도 같은 맥락에서 일부 부적절한 표현을 사용하게 된 것으로, 이러한 행위는 사회상규에 위배되지 않는다고 봄이 상당하다"고 판시한 것입니다.

이러한 논지를 살펴보건대, 적어도 피고인의 행위는 모욕죄의 구성요건에는 해당할 수 있으나 그 표현의 정도나 상황 등을 감안했을 때 사회상규에 위배되지 않아 위법성이 조각된다는 것입니다. 즉, 어떤 글이나 말이 모욕적인 표현을 포함하는 판단 또는 의견의 표현을 담고 있는 경우에도 그 시대의 건전한 사회통념에 비추어 그 표현이 사회상규에 위배되지 않는 행위로 볼 수 있는 때에는 형법 제20조의 정당행위에 해당하여 설사 모욕적이고 경멸적인 표현이라고 하더라도 이것이 통상 사회생활을 하는 데 용일할 수 있을 정도의 범위 내에서 행해졌다면 사회상규에 반한다고 볼 수 없어 모욕죄를 성립하지 않는다고 하는 이 판결의 논지는 타당하다고 생각합니다.

유사 사건

상사 모욕에 캐디 극단선택… 법원 "직장내 괴롭힘 맞아, 회사 배상해야"

입력 2023-02-19 12:17, 업데이트 2023-02-19 21:33

서울=뉴스1

"골프장에서 경기보조원(캐디)으로 근무하는 특수고용직 노동자입니다. 캐디도 노동자로 보호가 될까요? 2년 동안 끊임없이 갑질을 당해 이젠 더 버티기 힘들어 여쭤봅니다."

법원이 상사의 지속적인 괴롭힘 끝에 극단선택으로 생을 마감한 캐디에 대해 직장 내 괴롭힘을 인정했다. 또 감독에 상당한 주의를 하지 않은 사용자에 책임을 물었다. 19일 직장갑질119에 따르면 의정부지법 고양지원 민사1부는 직장 내 괴롭힘으로 2020년 9월 극단선택을 한 캐디 A씨의 유족이 가해자 B씨와 OO대를 상대로 낸 손해배상 소송에서 손해배상금을 지급하라고 판결했다.

2019년 7월부터 경기 파주의 OOO 골프장에서 캐디로 일한 A씨는 이듬해 9월 극단선택으로 사망했다. 배경에는 "뚱뚱하다고 못 뛰는 거 아니잖아" 등 모욕적인 발언을 지속적으로 한 상사 B씨의 괴롭힘이 있었다.

정부기관은 A씨의 죽음을 인정하지 않았다. A씨의 유족이 고용노동부에 직장 내 괴롭힘을 신고했지만 노동부는 "캐디는 근로기준법상 근로자가 아니다"고 판단했다. 근로복지공단도 A씨가 '산재보험 적용 제외 신청서'를 작성했다는 이유로 산업재해를 인정하지 않고 유족의 유족급여와 장의비 청구를 거절했다.

그러나 재판부는 "B씨는 캐디들을 총괄, 관리하는 지위상 우위를 이용해 A씨에게 신체적·정신적 고통을 주고 근무 환경을 악화했다"며 직장 내 괴롭힘을 인정했다. 이는 근로계약을 체결한 노동자가 아닌 특수고용노동자에게도 직장 내 괴롭힘을 법원이 인정했다는 의미가 있다.

재판부는 OO대 법인에 대해 "A씨가 동료 캐디들에게 죽고 싶다는 말을 자주 하며 극단선택을 하기 한 달 전 B씨에게 항의하는 인터넷 게시글을 남겼지만 별다른 조치를 하지 않았다"며 "심지어 A씨가 남긴 인터넷 게시글을 삭제하고 인터넷 카페에서 A씨를 탈퇴시켰다"고 지적했다. 재판부는 "B씨의 사무감독에 상당한 주의를 했다고 보기 어렵다"며 "B씨의 불법행위에 사용자 책임을 부담해야 한다"고 덧붙였다.

출처: https://www.donga.com/news/Society/article/
all/20230219/117970016/1)

쓸모있는 골프상식

달에서 골프를?

골프는 인간이 도구를 가지고 자연을 상대로 하는 스포츠입니다. 여기서 말하는 '자연'은 물론 '지구'를 의미하겠지요. 그런데 지구 밖, 저 멀리 떨어져 있는 '달'에서 골프를 친 사람이 있다네요?

네, 사실입니다. 그는 바로 아폴로 14호의 선장이었던 앨런 쉐파드(Alan Shepard)입니다. 1971년 2월 6일 쉐파드는 수많은 사람들이 TV로 시청하는 가운데 골프 역사상 위대한 기념비를 쓰게 됩니다. 핸디캡 15의 골프광이었던 그는 지구와는 다른 중력(지구의 1/6)이 작용하는 달에서 치기 위해 핑(PING)에서 특수제작한 6번 아이언으로 총 네 번의 샷을 했다고 합니다.

그러나 두텁고 투박한 우주복 때문에 지구에서처럼 자연스러운 샷을 하지 못하여 할 수 없이 오른손으로만 스윙을 했는데, 첫 번째와 두 번째 샷은 뒷땅을 쳐서 먼지만을 일으켰고, 세 번째 샷은 쉥크가 났다고 합니다. 하지만 네 번째 샷은 정타를 쳤는지 그는 "한없이 멀리 뻗어나갔다"(Miles and miles and miles)고 말했습니다(실제로는 400야드 정도 날아갔다고 합니다).

1998년 사망한 쉐파드는 이후 메트로폴리탄 골프작가협회와 골프 다이제스트로부터 상을 받았으며, 1974년 U.S.오픈이 열릴 때 뉴저지에 있는 미국골프협회(USGA: United States Golf Association) 박물관에 자신이 사용한 골프채를 기증했다고 합니다. 이 골프채는 지금도 이 박물관에서 볼 수 있다고 하네요.

참고자료

Andrew Ward, *Golf's Strangest Rounds*, London: Portico, 2016.

https://www.golfdigest.com/story/alan-sheperd-apollo-14-moon-shot-
50th-anniversary-history

그림 6 앨런 쉐파드가 달에서 실제로 사용했던 특수제작된 6번 아이언

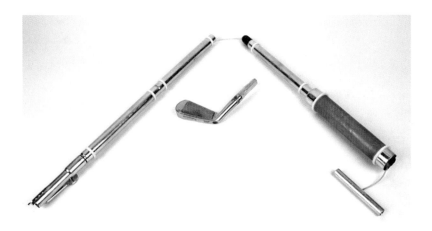

출처: https://www.golfdigest.com/story/alan-sheperd-apollo-14-moon-
shot-50th-anniversary-history)

Hole

07

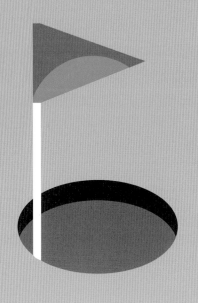

오늘 캐디업무는
안 하렵니다!

Hole 7
오늘 캐디업무는 안 하렵니다!
('캐디 파업' 사례: 업무방해죄)

대상판례

대법원 2013. 5. 23., 선고, 2011도12440, 판결

❶ 사실관계

피고인은 OO골프장에서 정당한 근거 없이 약 40분가량 골프장의 경기보조원인 노조원들의 출장을 거부하도록 하여 골프장의 운영업무를 방해하였다는 이유로 기소되었다.

❷ 판시사항 및 이유

이 사건 기록에 의하면, ① 피고인은 약 40분 동안 출장배치를 받은 경기보조원들을 상대로 출장을 거부할 것을 순차 지시하여 그들이 소극적으로 출장을 나가지 아니하였을 뿐, 그 당시 피고인과 경기보조원들이 집단으로 골프장에서 골프장 운영자의 자유의사를 제압하기에 충분한 어떠한 적극적 행위를 하였다고 볼 자료가 없는 점, ② 피고인의 지시로 출장을 거부한 경기보조원들이 약 18명에 불과하고, 그 기간도 2008. 9. 16. 07:00경부터 07:40경까지 40분에 불과하므로, 전체 경기보조원들 숫자 및 골프장 운영시간과 비교하여 경기보조원들의 출장거부 규모가 그리 크지 않다고 볼 수 있는 점, ③ 골프 경기의 특성상 경기 진행에 반드시 경기보조원이 필요한 것은 아니어서, 경기보조원들이 출장을 거부하더라도 경기 진행이 다소 지연될 수 있을 뿐 경기 자체가 불가능하게 되는 것은 아니므로, 경기보조원들의 출장거부로 반드시 골프장 운영자에게 수입 감소 등의 불이익이 발생하게 된다고 단정할 수 없는 점, ④ 그리고 고소장에는 경기보조원들의 출장거부로 고객들이 한동안 골프 경기를 시작하지 못하였다고만 기재되었을 뿐, 그 때문에 골프 경기를 하지 않고 돌아간 고객들이 있었다는 기재는 없었고, 이 사건 골프장 경기운영팀장인 공소외 1도 수사기관에서 같은 취지로 진술하였다가, 원심에 이르러 비로소 경기보조원들의 출장거부로 골프 경기를 하지 않고 돌아간 고객이 있었다고 진술하였는데, 이러한 진술 경위와 피고인을 비롯한 사건 관련자들이 공소외 1과 다른 취지로 진술하고 있고, 이 사건 골프장의 예약시간표에도 경기보조원들의 출장거부로 골프 경기를 하지 않고 돌아간 고객이 있었다는 취지의 기재는 없는 점에 비추어, 공소외 1의 위와 같은 원심 진술은 믿기 어렵고, 달리 그날 경기보조원들의 출장거부로 말미암아 골프장 수입이 감소하는 손해가 발생하였다는 사실을 인정할 증거가 없는 점, ⑤ 또한 사건 당일 아침에 골프장에 안개가 심하게 끼었던 점을 고려할 때 그 당시에 경기 진행이 지연되었던 것이 반드시 경기보조원들의 출장거부 때문으로 보기도 어려운 점을 알 수 있는데, 이러한 사정들을 종합하여 보면, 피고인이 경기보조원들에게 출장을 거부하게 한 행위가 사회통념상 허용되는 범위를 넘어 피해자인 이 사건 골프장 운영자의 자유의사를 제압·혼란케 할 정도의 위력에 해당한다고 보기에 부족하다 할 것이다.

참조조문

형법 제314조 (업무방해) ① 제313조의 방법 또는 위력으로써 사람의 업무를 방해한 자는 5년 이하의 징역 또는 1천500만원 이하의 벌금에 처한다.

 해설

형법상 업무방해죄란 "제313조의 방법(허위의 사실을 유포하거나 기타 위계) 또는 위력으로써 사람의 업무를 방해"하는 행위를 말합니다. 이에 대한 형벌은 "5년 이하의 징역 또는 1천500만원 이하의 벌금"이지요. 따라서 업무방해죄가 성립하기 위해서는 '허위의 사실을 유포하거나 기타 위계' 또는 '위력'이라는 행위방법이 필요한데, "업무방해죄의 '위력'이란 사람의 자유의사를 제압·혼란케 할 만한 일체의 세력으로서 유형적이든 무형적이든 묻지 않으며, 폭력·협박은 물론 사회적·경제적·정치적 지위와 권세에 의한 압박 등도 포함됩니다. 나아가 현실적으로 피해자의 자유의사가 제압될 것을 필요로 하는 것은 아니지만, 범인의 위세, 사람수, 주위의 상황 등에 비추어 피해자의 자유의사를 제압하기에 충분한 세력을 의미하는 것으로서, 위력에 해당하는지는 범행의 일시·장소, 범행의 동기, 목적, 인원수, 세력의 태양, 업무의 종류, 피해자의 지위 등 제반 사정을 고려하여 객관적으로 판단하여야 합니다.

이 사례의 경우 위에서 적시한 여러 사정들을 종합해 볼 때, 피고인의 행위는 피해자의 자유의사를 제압하거나 혼란케 할 정도의 위력에 해당하지 않는다고 판시하고 있는데, 이는 타당한 결론이라고 할 수 있습니다.

유사 사건

스OO72 골프장 업무방해 혐의…인천공항공사 사장 경찰조사

송고시간 2021-12-20 19:40

(인천=연합뉴스) 윤태현 기자 = 인천국제공항공사 소유지에 있는 골프장 운영을 둘러싸고 인천국제공항공사와 골프장 운영사 간 빚어진 형사 소송전을 수사하는 경찰이 김OO 인천국제공항공사 사장을 소환해 조사했다. 인천 중부경찰서는 업무방해 혐의로 김 사장을 소환해 조사했다고 20일 밝혔다.

그는 지난 4월 1일과 18일 인천시 중구 운서동 인천국제공항 소유지에 있는 스OO72 골프앤리조트의 중수도와 전기를 각각 차단해 골프장 운영사인 스OO72의 업무를 방해한 혐의를 받고 있다. 스OO72는 당시 중수도와 전기 공급이 끊겨 잔디 관리 등을 제대로 하지 못해 피해를 본 것으로 알려졌다.

앞서 공사 측은 부지를 임대해 골프장을 운영해온 스OO72가 지난해 12월 31일 계약 만료에도 부지를 무단으로 점유하고 있다며 중수도와 전기 공급을 차단한 바 있다. 이어 업무방해 등 혐의로 스OO72 관계자들을 경찰에 고소했다.

tomatoyoon@yna.co.kr

출처: https://www.yna.co.kr/view/AKR20211220161700065

쓸모있는 골프상식

OB는 골프의 성지(聖地) 세인트 앤드류스 올드코스에서부터~

기록상 골프가 처음 시작되었다고 하는 스코틀랜드의 세인트 앤드류스 올드코스에서 골프를 치기 시작한 것은 15세기 중엽 무렵. 그런데 OB가 생긴 것은 한참 후인 1899년이라고 하네요.

OB는 'Out of Bounds'의 약자입니다. 여기서 'Bounds'는 '경계'를 의미하는데, 바로 골프장 영역을 의미하는 것이겠지요. 따라서 'Out of Bounds'는 샷을 한 공이 골프장 경계 밖으로 나가는 것입니다. OB가 생긴 것은 철도의 영향 탓이라고 합니다. 즉, 예전에 스코틀랜드에서 골프를 쳤을 때에는 OB가 없어서 공이 떨어진 곳에서 치면 되었습니다. 그런데 철도가 스코틀랜드에 들어오게 되면서 철길이 세인트 앤드류스 올드코스 옆을 지나게 되었는데 기차에 연료를 공급하기 위해 17번 홀 옆에 석탄창고가 생겨났다네요. 지금 이 자리는 올드 코스 호텔(Old Course Hotel)이 자리잡고 있는데 THE OPEN 경기가 열릴 때 유심히 보면 17번 홀에서는 호텔 건물(지금은 호텔 수영장) 위로 티샷을 하는 것을 볼 수 있습니다.

철도가 들어오게 되자 골프장과 철로 사이에는 돌담이 생겨났고, 16번 홀에서 17번 홀까지 돌담이 이어져 세워졌습니다. 그래서 이 홀에서 티샷한 공이 이 돌담을 넘어서게 되면 '골프장 영역 밖'으로 나간 것이라 1벌타를 먹고 다시 티샷을 하게 된 것입니다. 그러므로 OB의 진정한 의미는 바로 골프장 영역 밖으로 공이 나가는 것을 의미하겠지요. 그렇다면 우리나라 골프장처럼 경기진행을 위해 '골프장 내'에 설치된 백색 말뚝은 어쩐지 OB의 유래와는 동떨어진 느낌이네요. OB가 왜 생겼는지 알면 우리나라 골프장에 아무 데나(!) 꽂혀 있는 흰색 말뚝이 야속하기만 합니다.

참고로 골프규칙 용어의 정의에는 "아웃오브바운즈란 위원회가 규정한 코스의 경계 밖에 있는 모든 구역을 말한다. 코스의 경계 안에 있는 모든 구역은 인바운즈(in bounds)이다."라고 적혀 있습니다.

참고자료

田代靖尚, 知的シングルになるためのゴルフ語源辭典, 日経プレミアシリーズ, 日本經濟新聞出版社, 2010.

그림 7 세인트 앤드류스 올드코스 17번홀(일명 로드 홀[Road Hole])

골프 치면서 사고는 치지 맙시다

출처: https://www.todays-golfer.com/news-and-events/tour-features/
the-open-2015/st-andrews-a-guide-to-the-old-course/17th/;
https://www.faraway-fairways.com/st-andrews-road-hole/)

Hole

08

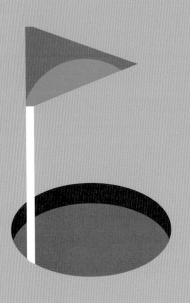

변경된 회칙에 동의
안 하면 회원자격을
박탈합니다!

Hole 8
변경된 회칙에 동의 안 하면 회원자격을 박탈합니다!
('골프장회원권 포기 강요' 사례: 강요죄)

대상판례

대법원 2003. 9. 26., 선고, 2003도763, 판결

❶ 사실관계

주식회사 관악이 OO컨트리클럽을 인수하여 XX컨트리클럽으로 명칭을 변경하여 운영하면서 주식회사 OO의 최대주주인 피고인이 기존의 회원들에게 회원으로서의 권리를 제한하고, 행정적 절차에 불과한 회원의 승계등록절차를 빌미로 회사측에서 요구하는 대로 승계등록절차를 이행하지 않는 한 회원의 자격을 인정하지 않고 예약제한, 비회원요금 징수와 같은 재산상 불이익을 가하겠다는 의사를 명시하였다.

❷ 판결요지

[1] 강요죄라 함은 폭행 또는 협박으로 사람의 권리행사를 방해하거나 의무 없는 일을 하게 하는 것을 말하고, 여기에서의 협박은 객관적으로 사람의 의사결정의 자유를 제한하거나 의사실행의 자유를 방해할 정도로 겁을 먹게 할 만한 해악을 고지하는 것을 말한다.

[2] 골프시설의 운영자가 골프회원에게 불리하게 변경된 내용의 회칙에 대하여 동의한다는 내용의 등록신청서를 제출하지 아니하면 회원으로 대우하지 아니하겠다고 통지한 것이 강요죄에 해당한다고 한 사례.

참조조문

형법 제324조 (강요) 폭행 또는 협박으로 사람의 권리행사를 방해하거나 의무없는 일을
  하게 한 자는 5년 이하의 징역에 처한다.

 해설

앞서 간단하게 살펴보았듯이, 강요죄라 함은 폭행 또는 협박으로 사
람의 권리행사를 방해하거나 의무 없는 일을 하게 하는 것입니다. 이 사
례에서 대법원이 피고인의 행위가 강요죄에 해당한다고 본 논지는 다음
과 같습니다.

첫째, "주식회사 OO의 최대주주인 피고인은 변경된 회칙에 동의하지
않는 회원들의 승계등록신청을 거부할 의사를 밝히고, 둘째, 피고인은
그 후 승계등록절차를 밟지 않은 회원들의 예약을 사실상 거부하거나,
예약이 된 경우에도 이를 취소하는 한편 라운딩을 하더라도 비회원요금
을 징수하고, 클럽하우스 현관 출입문에 승계등록을 거부하는 회원들에
대하여 회원대우를 해 줄 수 없다는 취지의 공고문을 부착하는 등 회원
으로서의 권리를 제한한 사실이 있음을 피고인이 인정한 점, 셋째, 회사
측에서 요구하는 대로 승계등록절차를 이행하지 않는 한 회원의 자격을
인정하지 않고 예약제한, 비회원요금 징수와 같은 재산상 불이익을 가하
겠다는 의사를 명시한 행위"는 재산상 불이익이라는 해악을 고지하는 방
법으로 회원들을 협박하여 회원권이라는 재산적 권리의 행사를 제한하
고 변경된 회칙을 승낙하도록 강요한 경우에 해당한다."는 것입니다.

나아가 피고인의 기존회원들에 대한 행위는 객관적으로 사람의 의사
결정의 자유를 제한하거나 의사실행의 자유를 방해할 정도로 겁을 먹게
할 만한 해악을 고지하는 것에 해당하는 것인데, 피고인의 행위에 비추

어 볼 때 이는 피해자들의 재산적 이익에 대한 협박으로서 이는 피해자에게 의무 없는 일을 하게 한 것으로서 형법상 강요에 해당한다고 판시하였는바, 이는 강요죄의 의의에 비추어볼 때 타당한 결론이라고 할 수 있습니다.

유사 사건

OO건설, 하수급업체로부터 전·현직 임직원들이 수천만 원 상납 받고 수시로 골프접대 받아!

[프레스뉴스] 강보선 기자= (주)OO건설의 전·현직 임직원들이 하수급업체로부터 수천만 원의 뒷돈을 상납 받고 수시로 골프접대를 받은 의혹이 제기됐다.

(주)OO건설의 하수급업체인 ○○토건㈜의 ○○○대표의 주장에 따르면, 2021년 1월 27일부터 2022년 4월 30일까지 신축공사와 관련하여 원청 OO건설로부터 철근·콘크리트공사를 하도급계약 받아 공사를 하던 중에 OO건설의 임직원에게 수시로 워크샵, 추석·설 명절, 휴가비 명목으로, 또한 '일을 편하게 해주겠다', '설계변경으로 처리해 주겠다' 등의 사유로 수천만 원을 뜯어간 사실이 있고, 수시로 골프접대를 했다고 한다.

본지의 취재가 들어가자, OO건설의 일부 직원은 수령한 돈과 접대받은 골프비용을 ○○토건 법인계좌로 스스로 반환하기도 했다. 이에 본지는 2곳의 법무법인과 법률사무소 등 총 3곳에 문의한 결과, (주)OO건설 임직원의 행태는 형법 제357조(배임수증죄), 형법 제324조(강요죄) 또는 형법 제350조(공갈죄)에 해당할 수 있다고 말한다.

출처: http://www.pressna.com/news/newsview.
php?ncode=1381233863936053)

골프 치면서 사고는 치지 맙시다

쓸모있는 골프상식

링크스 코스란?

골프코스는 크게 링크스 코스(Links Course)와 파크랜드 코스(Parkland Course)로 나눌 수 있습니다.

링크스라는 말은 고대영어인 'hlinc'에서 유래되었다고 하는데, 이는 해안가의 잔디밭으로 되어 있는 기복이 있는 사구(砂丘)를 의미한다고 합니다. 즉, 바닷가의 모래사장과 경작지 사이에 자연스럽게 만들어진 불모지가 연속된 곳이 바로 링크스입니다. 가장 대표적인 골프장으로는 스코틀랜드의 세인트 앤드류스 올드 코스를 들 수 있습니다. 그러나 반드시 해안가에 자연적으로 조성된 사구뿐만 아니라, 산간 지역이라도 이러한 조건을 갖춘 곳이라면 링크스 코스라고 합니다.

PGA의 메이저 경기 중 하나인 The Open은 영국 내에 있는 링크스 코스에서만 열리도록 되어 있습니다. 링크스 코스는 빙하기에 빙하가 지나간 자리에 바다 밑에 있던 땅이 융기되어 그곳에 모래사장이 형성되면서 만들어져 신이 만든 코스라고 하네요. 링크스 코스의 특징은 큰 나무가 없고 연못이 없는 대신, 개울(bun: 스코틀랜드어로 개울을 의미함), 헤더(heather)라고 하는 잡목과 페스큐(fescue)라는 긴 풀이 자리잡고 있습니다.

반면 파크랜드 코스는 링크스 이외에 인공적으로 만든 골프장을 의미하는데, 대부분의 골프장이 이에 해당한다고 할 수 있습니다. 이 코스는 나무가 많고, 페어웨이가 인공적으로 만들어졌으며, 많은 연못과 벙커 등이 있는 것이 특징입니다.

참고자료

田代靖尚, 知的シングルになるためのゴルフ語源辞典, 日経プレミアシリーズ, 日本經濟新聞出版社, 2010.

그림 8 ｜ 전형적인 스코틀랜드의 링크스 코스

출처: https://en.wikipedia.org/wiki/Links_(golf)

Hole

09

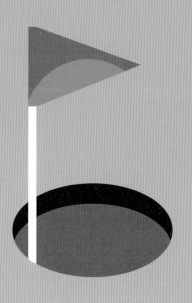

귀신을 쫓아내려면 골프공에 이름을 써서 치라고요?

Hole 9

귀신을 쫓아내려면 골프공에 이름을 써서 치라고요?

('액막이 기도' 사례: 사기죄)

대상판례

대법원 2017. 11. 9., 선고, 2016도12460, 판결

① 사실관계

피고인은 지인을 통해 알게 된 피해자에게서 "피해자의 아들에게 액운이 있으니 골프공에 아들의 이름과 생년월일을 기재하여 골프채로 쳐서 액운을 쫓아내야 한다. 처의 몸에 붙은 귀신이 가족들에게도 돌아다닌다."라고 말하면서 99만 원을 받아내었다. 그 외에도 수차례에 걸쳐 처의 정신분열 증세와 딸의 액운을 막기 위해서 기도를 해야 하는데 기도비가 필요하다고 말하면서 수천만 원의 돈을 받아내었다.

② 판결요지

사기죄의 구성요건인 편취의 범의는 피고인이 자백하지 아니하는 이상 범행 전후의 피고인의 재력, 환경, 범행의 내용, 기망 대상 행위의 이행가능성 및 이행과정 등과 같은 객관적인 사정 등을 종합하여 판단할 수밖에 없다. 그리고 피고인이 피해자에게 불행을 고지하거나 길흉화복에 관한 어떠한 결과를 약속하고 기도비 등의 명목으로 대가를 교부받은 경우에 전통적인 관습 또는 종교행위로서 허용될 수 있는 한계를 벗어났다면 사기죄에 해당한다.

참조조문

형법 제347조 (사기) ① 사람을 기망하여 재물의 교부를 받거나 재산상의 이익을 취득
한 자는 10년 이하의 징역 또는 2천만원 이하의 벌금에 처한다.

 해설

사기죄란 사람을 기망하여 재물을 교부받거나 재산상의 이익을 취득
하거나 또는 제3자로 하여금 재물을 교부받게 하거나 재산상의 이익을
취득하게 함으로써 성립하는 범죄입니다. 예컨대, 가짜 골동품을 진짜라
고 속이고(기망) 돈(재물)을 받고 팔았다면 이는 전형적인 사기죄가 되는
것입니다. 이 사례에서 피고인은 피해자의 가족에게 귀신이 쓰여 있다고
말하고 이 귀신 때문에 건강도 좋지 못하고, 하는 일마다 되는 일이 없다
고 말한 뒤 이 귀신을 쫓아내기 위해서는 액막이 기도를 해야 한다고 하
면서 돈을 뜯어낸 것입니다. 이러한 행위는 사람을 기망하여 재물을 취
득하였기 때문에 사기죄에 해당하는 행위이지요.

무속행위나 종교와 관련된 사례로서 이른바 '영생교 교주' 사례가 있
는데, 이 사례에서 대법원은 "사이비종교(영생교)교주가 신도들을 상대로
하여 자신을 스스로 '하나님' '생미륵불' '정도령' '완성자' 등으로 지칭하
면서 객관적인 정황에 비추어 도저히 실현불가능한 황당무계한 사실을
마치 사실인 것처럼 설교하고…. 자신이 하나님인 사실이 알려져 세계
각국에서 금은보화가 모이면 마지막 날에 1인당 1,000억원씩 나누어주
겠으며…, 이에 기망당한 신도들로부터 헌금명목으로 고액의 금원을 교
부받은 것은 형법상 사기죄에 해당한다."(대법원 1995. 4. 28., 선고, 95도250, 판
결)고 판시한 바 있습니다.

유사 사건

동남아로 해외골프 라운딩 같이 간 뒤 사기쳐서 13억 뜯어낸 일당

양다훈 기자 yangbs@segye.com, ⓒ세계일보 & Segye.com

동남아 현지에서 범죄에 연루돼 체포되는 것처럼 연출한 뒤 수사를 막아주겠다며 한인 사업가에게 13억원을 뜯어낸 일당이 붙잡혔다. 20일 서울경찰청 광역수사단 국제범죄수사계는 특정경제범죄가중처벌법상 공갈·범죄수익은닉규제법 위반 혐의로 박모(63)씨와 권모(57)씨 등 4명을 구속해 검찰에 송치했다고 밝혔다. 경찰에 따르면 이들은 지난 7월4일 캄보디아 시엠립에서 60대 사업가 A씨에게 "성매매 혐의 수사를 무마하려면 미화 100만 달러가 필요하다"고 협박해 13억원을 뜯어낸 혐의를 받는다…

경찰은 범죄를 저지를 의도가 없는 사람에게 계획적으로 접근해 범죄자로 몰아간 뒤 돈을 뜯어내는 전형적 '셋업(Set up) 범죄'로 보고 있다. 경찰 관계자는 "셋업 범죄는 피해자 본인도 범죄에 연루됐다고 생각해 피해 신고를 꺼린다는 점을 노린다"며 "형사처벌을 빌미로 금품을 요구하는 경우 적극 신고해달라"고 당부했다. 총책 박씨는 과거에도 여러 차례 셋업범죄를 저지른 전력이 있는 것으로 파악됐다. 총책 등 공갈 혐의 피의자 4명은 구속 상태로 검찰에 송치됐다. 자금세탁 피의자 3명 중 2명은 불구속 송치됐으며 나머지 1명도 조만간 송치 예정이다.

출처: https://www.segye.com/newsView/20230920517781?OutUrl=daum)

쓸모있는 골프상식

THE OPEN이 열리는 Links 코스

　1860년 처음 열린 THE OPEN은 스코틀랜드의 서쪽 해안가에 있는 프레스트윅(Prestwick) 골프장에서 개최되어 그 후 12년간 이 골프장에서 매년 개최되었습니다. 그러다가 머슬버러(Mussllburgh) 골프장 등 대여섯 골프장을 돌아가면서 열렸는데 이렇게 여러 골프장을 돌아가면서 개최한 이유는 많은 갤러리를 수용할 수 있고, 교통이나 숙박의 편리 등을 고려한 탓이라고 합니다.

　현재는 스코틀랜드와 잉글랜드 그리고 북아일랜드 지역의 링크스 골프장을 순회하면서 매년 개최됩니다(THE OPEN은 반드시 링크스 코스에서만 개최합니다). 그 중에서 골프의 기원이라고 할 수 있는 세인트 앤드류스 골프장은 매 5년마다 개최되고 있습니다. 최근 150회 THE OPEN이 세인트 앤드류스에서 개최된 바 있습니다.

　영국에서 THE OPEN이 개최되고 있거나 개최된 바 있는 골프장은 다음과 같습니다. St.Andrews Old Course, Muirfield, Carnoustie(이상 스코틀랜드 동부); Royal Troon, Turnberry(이상 스코틀랜드 서부); Prince's, Royal Cinque Ports, Royal St.Georges(이상 잉글랜드 동부); Royal Liverpool, Royal Lytham & St.Annes, Royal Birkdale(이상 잉글랜드 서부); Royal Portrush(북아일랜드).

참고자료

その道のスペシャルとChoice 編輯部編, The Openを巡る物語, ゴルフダイジェスト社, 2022.

그림 9 **제148회와 제153회 THE OPEN이 열린 북아일랜드의 Royal Portrush 골프장**

출처: https://www.royalportrushgolfclub.com/our-courses/

Hole

10

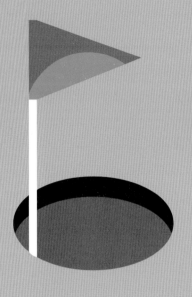

수사비를 그린피로 쓰면?

Hole 10

수사비를 그린피로 쓰면?

('골프비용 전용' 사례: 횡령죄)

대상판례

대법원 1973. 12. 26., 선고, 73도2524, 판결

❶ 사실관계

수사단장인 피고인이 수사비에 사용할 돈을 수사비명목으로 헌병차감의 퇴역을 기념하는 골프경비 또는 범죄수사단 소속부하장교의 송별금조로 금 10만원을 지출하였다.

❷ 판결요지

수사단장이 수사비에 사용할 돈을 수사비명목으로 헌병차감의 퇴역을 기념하는 골프경비로 또는 범죄수사단 소속 부하 장교의 송별금조로 지출한 것이 수사활동비 자체로 지출된 것은 아니라 하여도 특별한 사정이 없는 한 수사단장이 수사정보비로 지출한다는 주관적 판단이 객관적으로 보아 심히 부당한 것이 아니라고 사회통념상 인정될 수 있다면 이를 가리키어 곧 수사단장 개인이 소비 횡령한 것이라고 단정할 수 없다.

참고판례

대법원 2010. 9. 30., 선고, 2010도7012, 판결

❶ 사실관계

마을이장인 피고인은 업무상 보관 중이던 공사비를 그 용도 외에 다른 용도로 사용하였다.

❷ 판결요지

마을 이장인 피고인이 경로당 화장실 개·보수 공사를 위하여 업무상 보관 중이던 공사비를 그 용도 외에 다른 용도로 사용한 이상 횡령죄는 성립하고, 피고인이 과거 마을을 위하여 개인 돈을 지출하였다고 하여 이에 충당할 수는 없다고 한 원심판단을 수긍한 사례

참조조문

형법 제355조 (횡령) ① 타인의 재물을 보관하는 자가 그 재물을 횡령하거나 그 반환을
거부한 때에는 5년 이하의 징역 또는 1천500만원 이하의 벌금에 처한다.

해설

형법상 횡령죄는 타인의 재물을 보관하는 자가 그 재물을 횡령하거나 그 반환을 거부하는 행위를 말하는데, 여기서 횡령이라 함은 타인의 재물을 보관하는 자가 그 물건에 대한 불법영득의 의사를 실현하는 행위를 의미합니다. 이 사례에서 대법원은 군대에서 관행상 이루어진 이른바 '비용 전용'과 관련된 것으로서, 수사비가 명백히 그 성질상 어떻게 사용되어야 한다는 규정이 없어 수사관 출장비나 수사활동비 또는 행정비나

정보비 등으로 사용되어 왔기 때문에 이를 바로 횡령이라고 보기 어렵다고 판시하였습니다.

그러나 [참고판결]이나 "본인을 위한 면이 있더라도 용도 이외의 목적으로 사용하는 것은 불법영득의사가 있다."고 판시한 판결(대법원 1989. 10. 10., 선고, 87도1901, 판결), 그리고 "보조금을 집행할 직책에 있는 경비부족을 메우기 위하여 보조금을 전용한 것이라 하더라도, 그 보조금의 용도가 엄격하게 제한되어 있는 이상 불법영득의 의사를 부인할 수는 없다."는 판결(대법원 2010. 9. 30. 선고 2010도987 판결)의 취지에 비추어볼 때, 이 대상판례처럼 수사비로 책정된 금액을, 수사와는 거의 어떤 연관성도 찾아볼 수 없는, 수사정보비 조로 골프비용이나 송별금 조로 지출한 것에 대하여까지 불법영득의사를 부정한 것은 다소 이해하기 어렵지 않을까 생각합니다.

오히려 이 판결이유에 나타난 바와 같이, "수사의 성질상 수사정보비의 사용한계에 관하여 객관적인 기준설정이 곤란함은 사실이나 그 판단을 피고인의 주관적인 판단에 일임함은 사회통념상 수사행정의 목적에 비추어 객관적으로 수사에 필요한 비용이라고 인정할 수 없다고 하여 수사정보비로서의 지출 가능성을 인정하면서 피고인의 위와 같은 지출이 수사활동비 자체가 아니라는 취지의 판단을 하여 유죄의 인정"을 한 원심판결의 논지가 더 타당하다고 생각합니다. 따라서 이 사례에서 대법원이 피고인의 행위를 횡령죄에 해당하지 않는다고 판시한 것은 문제가 있다고 생각합니다.

유사 사건

골프 접대에 횡령·배임까지…
70억 규모 '태양광 비리' 6명 기소

YTN 양동훈 (san@ytn.co.kr)

이른바 '태양광 사업 비리' 의혹이 하나둘 실체를 드러내고 있습니다. 충남 태안 지역 태양광 사업과 관련해 특수목적법인 자금을 빼돌린 혐의로 한국서부발전 직원과 민간 발전 업체 관계자 등 6명이 재판에 넘겨졌습니다. 검찰은 이들이 골프 접대나 뇌물로 친분을 쌓은 뒤 서로 짜고 각종 비리를 저질렀으며, 횡령하거나 회사에 끼친 손해가 70억 원에 달한다고 밝혔습니다…

검찰 조사 결과 태양광 사업 관련 경험이 많았던 A 씨는 한국서부발전으로부터 관리자 역할을 부여받았습니다. 이 권한을 악용해 민간 업체 관계자들로부터 골프 접대나 상품권 등 뇌물을 20여 차례 받았고, 뇌물을 준 업체들은 전력 시설물 설계 자격이 없으면서도 관련 용역을 수주했다고 검찰은 파악했습니다. A 씨는 다른 특수목적법인에서 18억 원을 자기 통장이나 다른 업체 통장에 송금하는 등 횡령한 혐의도 받고 있습니다.

출처: https://www.ytn.co.kr/_ln/0115_202308282308508514)

쓸모있는 골프상식

잘못 친 타구는 "Ball~", 아니죠, "Fore~", 맞습니다!

보통 골퍼가 의도하지 않은 방향으로 공을 쳐서 엉뚱한 곳으로 날아갈 때 "Ball"이라고 소리치는데 이는 원칙적으로 올바른 표현이 아닙니다. "Fore"라고 소리쳐야 맞는 표현입니다. "Fore"는 다음과 같은 사실에서 유래한다고 하네요.

옛날 서양에서 전투를 할 때 활을 쏘는 궁수나 대포를 쏘는 포병이 보병 뒤에서 먼저 화살이나 대포를 쏜 후 보병이 앞으로 나아가 싸우는 것이 보통인데, 이때 전방에 있는 보병이 화살이나 포에 맞지 않도록 후방에서 "Beware before"라고 소리쳐 주었다고 합니다. 이 "Beware before"(우리말로 하면 "전방주의"쯤 되겠지요?)라는 말이 기니까 이를 줄여서 "Fore"가 된 것이죠. 앞으로는 가급적 올바른 용어를 사용하는 것이 더 좋겠지요?

참고자료

John H. Minan, *The Little Book of Golf Law*, Chicago: ABA Publishing, 2014.

그림 10 Fore!를 외치는 골퍼의 모습

출처: https://yattagolf.com/blogs/golf-tips-and-training/fore-in-golf-
origin-and-meaning-of-the-golf-term-fore)

Hole

11

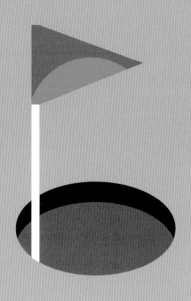

담보물인 골프회원권을
맘대로 매도하면?

Hole 11

담보물인 골프회원권을 맘대로 매도하면?

('골프회원권 매도' 사례: 배임죄)

대상판례

대법원 2012. 2. 23., 선고, 2011도16385, 판결

❶ 사실관계

피고인과 갑(피해자) 사이에 갑 소유인 골프회원권에 관하여 유효하게 담보계약이 체결되었는데 피고인이 담보물인 이 사건 골프회원권을 제3자에게 매도하였다.

❷ 판결요지

피고인이 甲에게서 돈을 차용하면서 피고인 소유의 골프회원권을 담보로 제공한 후 제3자에게 임의로 매도한 사안에서, 피고인이 담보물인 골프회원권을 담보 목적에 맞게 보관·관리할 의무를 부담함으로써 甲의 사무를 처리하는 자의 지위에 있다고 보아 배임죄를 인정한 원심판단을 정당하다고 한 사례

참조조문

형법 제355조 (배임) ② 타인의 사무를 처리하는 자가 그 임무에 위배하는 행위로써 재산상의 이익을 취득하거나 제삼자로 하여금 이를 취득하게 하여 본인에게 손해를 가한 때에도 전항의 형과 같다.

🔵 해설

　배임죄란 다른 사람의 사무를 처리하는 자가 그 임무에 위배되는 행위를 하여 재산상의 이익을 취하거나 제3자로 하여금 이를 취득하게 하여 본인에게 손해를 가하는 것을 내용으로 하는 범죄를 말합니다. 그러므로 배임죄가 성립하기 위해서는 배임죄의 주체가 성립해야 하고, 임무에 위배되는 행위(즉, 배임행위)가 있어야 하며, 그로 인하여 재산상의 이익을 취득하여, 본인에게 손해를 발생해야 하고, 이러한 행위에 대한 고의가 있어야 합니다.

　좀 어려운 얘기일지 모르지만 간단한 예를 들어 설명해 보도록 하겠습니다. 만약 A은행에서 대출을 담당하는 갑이 피트니스센터를 운영하는 자신의 친구 을이 부도 직전이라는 사실을 알면서도 대출을 해 주었는데, 부도로 인하여 대출금을 받지 못할 것을 알면서도 학창시절에 을에게 많은 신세를 졌다는 것을 상기하고 불법으로 대출을 해주었습니다. 물론 갑은 이러한 대출을 해주면 안 된다는 것을 알면서도 은행에 손해가 발생해도 할 수 없다고 생각했습니다.

　이 경우 갑은 A은행이라는 '다른 사람'의 사무를 처리해 주는 지위에 있기 때문에 배임죄의 주체에 해당합니다. 둘째, 갑은 불법대출을 해서는 안 됨에도 불구하고 대출을 해준 것은 임무에 위배된 행위를 한 것입니다. 셋째, 갑은 을에게 불법대출을 해주어 재산상의 이익을 취득하게 했습니다. 넷째, 갑이 을에게 불법으로 대출을 해 주었기 때문에 A은행(본인)에게는 손해가 발생했습니다. 마지막으로 갑은 불법대출을 한다는 것을 알면서도 자신이 이익을 취하면 A은행에게 손해가 발생해도 할 수 없다는 생각을 했기 때문에 배임행위에 대한 고의도 있습니다.

　배임죄의 구조가 이와 같다는 것을 전제로 한다면, 이 사건의 경우 피고인의 행위가 배임죄에 해당하는지 여부가 중요한 관건입니다. 이에 대하여 대법원은 "이른바 예탁금 회원제로 운영되는 골프장의 회원권을 다른 채무에 대한 담보 목적으로 양도한 경우, 회원권 양도의 당사자 사이에서 양도인이 양수인을 위하여 회원권 보전에 관한 사무를 처리하는 자의 지위에 있다."고 판시했습니다. 그러므로 피고인은 다른 사람의 사무를 처리하는 지위에 있는 자가 임의로 담보물인 골프회원권을 다른 사람에게 매도했다면 이는 본인에게 손해를 가하는 것이기 때문에 배임죄가 성립하는 것입니다.

유사 사건

"골프채 등 뇌물 받고 부실대출"…
부산지역 전 은행지점장 징역 5년

청년일보 김양규 기자 kyk74@youthdaily.co.kr

등록 2023.07.20. 15:40:10, 수정 2023.07.20. 15:40:20

【청년일보】은행 내규를 위반하면서 무려 40억원이 넘는 부실 대출을 해주고 그 댓가로 금품을 챙긴 부산 모 지역의 전 은행 지점장에게 징역 5년이 선고됐다. 20일 법조계에 따르면 부산지법 동부지원 제1형사부는 20일 특정경제범죄 가중처벌 등에 관한 법률 위반(배임·수재) 등 혐의로 재판에 넘겨진 전 A 은행 지점장 B(55)씨에게 징역 5년을 선고했다. 또한 함께 재판에 넘겨진 분양대행업자 C(45) 씨와 건설업자 등 4명에게는 각각 징역 2년, 2년 6개월 또는 징역 2년에 집행유예 3년을 선고했다.

B 씨 등은 지난 2021년 3월부터 9월까지 분할 여신 일명 '쪼개기 대출' 등의 방법으로 11개 법인에 43억원의 부실대출을 실행한 혐의를 받고 있다. 또한 이 과정에서 대출 편의 제공 등의 대가로 200만원 상당의 골프채 등 6500만원 상당의 금품을 수수한 혐의도 받고 있다. A 은행측은 자체 감사 중 B씨가 실행한 다수의 대출이 내부 여신 규정을 위반한 것으로 판단하고 지난해 5월 검찰에 고소한 바 있다. B씨의 행각은 계좌추적을 통한 수사에서 드러난 것으로 알려졌다.

출처: https://www.youthdaily.co.kr/news/article.html?no=132383)

GC(Golf Club)와 CC(Country Club)의 차이

골프장의 이름 뒤에 GC라고 붙은 경우와 CC라고 붙은 경우가 있습니다. GC는 'Golf Club'의 약자로서 오로지 골프장만 있는 코스를 말합니다. 이에 반하여 CC는 'Country Club'의 약자로서 골프자 이외에 테니스장, 볼링장, 수영장, 승마장 등 다양한 스포츠 시설이 갖추어진 곳을 말합니다.

Country Club은 1860년 미국의 USGA가 창설한 6개 홀로 된 보스톤의 컨트리클럽에서 처음 탄생했으며, 1924년 메릴랜드주 Congressional CC는 의회(congress)에서 일하는 국회의원과 같은 사회지도층의 사람들이 시골에 가서 각종 스포츠를 하면서 즐긴다는 생각에서 만들어졌다고 합니다.

참고자료

田代靖尙, 知的シングルになるためのゴルフ語源辞典, 日経プレミアシリーズ, 日本經濟新聞出版社, 2010.

그림 11 다양한 스포츠 시설이 겸비된 전형적인 컨트리클럽인 미국 플로리다의 North Palm Beach Country Club

출처: http://www.village-npb.org/453/Country-Club

골프 치면서 사고는 치지 맙시다

Hole
12

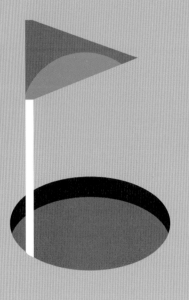

골프 접대받으면
처벌받습니다!

Hole 12

골프 접대받으면 처벌받습니다!

('골프 접대' 사례: 배임수재죄)

대상판례

대법원 2011. 8. 18., 선고, 2010도10290, 판결

❶ 사실관계

갑은 제약회사 등으로부터 조영제나 의료재료를 납품받은 병원의 의사로서 실질적으로 조영제 등의 계속사용 여부를 결정할 권한이 있었고, 갑이 단순히 1회에 그친 것이 아니라 여러 차례에 걸쳐 제약회사 등으로부터 명절 선물을 받고 골프접대 등 향응을 제공받았다.

❷ 판결요지

[1] 형법 제357조 제1항이 규정하는 배임수재죄는 타인의 사무를 처리하는 자가 임무에 관하여 부정한 청탁을 받고 재물 또는 재산상 이익을 취득하는 경우에 성립하는 범죄로서, 재물 또는 이익을 공여하는 사람과 취득하는 사람 사이에 부정한 청탁이 개재되지 않는 한 성립하지 않는다. 여기서 '부정한 청탁'이란 반드시 업무상 배임의 내용이 되는 정도에 이를 것을 요하지 않으며, 사회상규 또는 신의성실의 원칙에 반하는 것을 내용으로 하면 족하고, 이를 판단할 때에는 청탁의 내용 및 이에 관련한 대가의 액수, 형식, 보호법익인 거래의 청렴성 등을 종합적으로 고찰하여야 한다.

[2] 대학병원 등의 의사인 피고인들이, 의약품인 조영제를 사용해 준 대가 또는 향후 조영제를 지속적으로 납품할 수 있도록 해달라는 청탁의 취지로 제약회사 등이 제공하는 조영제에 관한 '시판 후 조사'(PMS, Post Marketing

Surveillance) 연구용역계약을 체결하고 연구비 명목의 돈을 수수하였다고 하여 배임수재의 공소사실로 기소된 사안에서, 연구목적의 적정성 및 필요성, 연구결과 신뢰성을 확보하려는 노력의 유무, 연구 수행과정과 방법의 적정성 및 결과 충실성, 연구대가의 적정성 등 제반 사정에 비추어, 연구용역계약은 의학적 관점에서 필요성에 따라 근거와 이유를 가지고 정당하게 체결되어 수행되었을 뿐, 제약회사 등의 조영제 납품에 관한 부정한 청탁 또는 대가 지급 의도로 체결된 것으로 볼 수 없다고 한 원심판단을 수긍한 사례.

[3] 대학병원 의사인 피고인이, 의약품인 조영제나 의료재료를 지속적으로 납품할 수 있도록 해달라는 부정한 청탁 또는 의약품 등을 사용해 준 대가로 제약회사 등으로부터 명절 선물이나 골프접대 등 향응을 제공받았다고 하여 배임수재의 공소사실로 기소된 사안에서, 피고인이 실질적으로 조영제 등의 계속사용 여부를 결정할 권한이 있었고, 단순히 1회에 그치지 않고 여러 차례에 걸쳐 선물과 향응을 제공받았으며, 제약회사 등은 피고인과 유대강화를 통해 지속적으로 조영제 등을 납품하기 위하여 이를 제공한 점 등의 사정을 종합할 때, 피고인은 '타인의 사무를 처리하는 자'에 해당하고, 피고인이 받은 선물, 골프접대비, 회식비 등은 부정한 청탁의 대가로서 단순한 사교적 의례 범위에 해당하지 않는다는 이유로, 피고인에게 유죄를 인정한 원심판단을 수긍한 사례.

참조조문

형법 제357조 (배임수증재) ① 타인의 사무를 처리하는 자가 그 임무에 관하여 부정한 청탁을 받고 재물 또는 재산상의 이익을 취득한 자는 5년 이하의 징역 또는 1천만원 이하의 벌금에 처한다.

② 제1항의 재물 또는 이익을 공여한 자는 2년 이하의 징역 또는 500만원 이하의 벌금에 처한다.

Hole 10에서 배임죄에 관하여 살펴보았듯이 배임죄는 다른 사람의 사무를 처리하는 자가 임무에 위배되는 행위를 하면서 재산상의 이익을 얻고 본인에게 손해를 가하는 행위를 말합니다. 이에 더하여 이러한 자가 '그 임무에 관하여 부정한 청탁을 받고 재물 또는 재산상의 이익을 취득하거나 제3자로 하여금 이를 취득하게 하면' 바로 배임수재죄(背任受財罪)가 성립합니다. 즉, 배임으로 인하여 재물이나 재산상의 이익을 받는 것을 의미합니다.

이 사례에서는 다른 사람의 사무를 처리하는 자, 즉 대학병원의 의사로 근무하는 갑이 제약회사로부터 조영제 등의 약품을 써달라는 부정한 청탁을 받고 이에 대한 대가로 골프접대를 받았다면 이는 바로 재산상의 이익을 취득하는 것이기 때문에 배임수재죄에 해당합니다.

유사 사건

고OO 이사장, MBC 자회사 골프 접대 의혹

차현아 기자, 입력 2017.10.17.16:01, 수정 2017.10.18. 09:42

고OO 방송문화진흥회(MOO 대주주) 이사장이 MOO 자회사인 iMOO 사장으로부터 골프 접대 등 향응을 제공받았다는 주장이 제기됐다. 고 이사장이 김OO 전 대통령 비서실장과 문화방송 2대 주주인 김OO 이사장, 허OO 당시 iMBC 사장 등과 함께 골프를 쳤는데, 고 이사장과 김 전 실장 몫을 허 사장이 지불했다는 주장이다.

MOO본부에 따르면 고OO 이사장은 지난해 10월 22일 서울 근교에 위치한 최고급 골프장에서 1인당 30만원에 달하는 골프를 쳤다. MOO본부는 또한 자회사 임원으로부터 금품 향응을 받았다면 "이날 호화 골프접대는 형법상 배임수재에도 해당한다."고 짚었다.

출처: 미디어오늘, http://www.mediatoday.co.kr

쓸모있는 골프상식

골프규칙(The Rules of Golf) 1.1에서 규정하고 있는 골프게임 (The Game of Golf)의 정의

앞서 언급한 바와 같이, R&A와 USGA는 골프규칙을 만들고 있습니다. 이 규칙 중 1.1 골프게임 규정은 골프게임을 다음과 같이 정의하고 있습니다. 이 규칙만 알아도 골프를 어떻게 쳐야 하는지 알 수 있을 것입니다.

1.1 골프게임(The Game of Golf)

골프는 클럽으로 볼을 쳐서 코스의 18개(또는 그 이하)의 홀로 이루어진 라운드를 플레이하는 것이다. 각 홀은 티잉구역에서 하는 스트로크로 시작되고, 그 볼이 퍼팅그린에 있는 홀에 들어간 시점(또는 규칙에서 홀이 끝난 것을 다른 방식으로 규정하는 시점)에 끝난다.

각 스트로크를 할 때, 플레이어는:
- 코스를 있는 그대로 플레이하고(Plays the course as they find it),
- 볼을 놓인 그대로 플레이한다(Plays the ball as it lies).

그러나 규칙에 따라, 플레이어가 코스의 상태를 변경하는 것을 허용하거나 볼이 놓인 곳이 아닌 다른 장소에서 플레이할 것을 요구하거나 허용하는 예외적인 경우가 있다.

참고자료

http://www.kgagolf.or.kr/media/PDF/2023%EB%85%84_%EA%B3%A8%ED%94%84%EA%B7%9C%EC%B9%99.pdf

https://www.randa.org/rog/the-rules-of-golf/rule-1

그림 12 미국 뉴저지주 리버티 코너(Liberty Corner)에 있는 USGA 박물관

출처: https://en.wikipedia.org/wiki/United_States_Golf_Association#/
media/File:USGA_Museum,_Liberty_Corner,_NJ.jpg

Hole

13

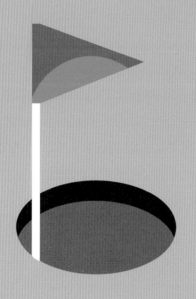

다른 사람의 골프 광고
판을 맘대로 치우면?

Hole 13

다른 사람의 골프 광고판을 맘대로 치우면?

('광고판 은닉' 사례: 재물손괴죄)

대상판례

대법원 2018. 7. 24., 선고, 2017도18807, 판결

❶ 사실관계

피해자는 자신이 운영하는 '○○○골프 아카데미'를 홍보하기 위해 광고판(홍보용 배너와 거치대)을 세워 두었는데 피고인이 자신의 직원에게 광고판을 치우라고 지시하고 그 직원은 광고판을 컨테이너로 된 창고로 옮겨 놓아 피해자가 사용할 수 없도록 하여 피해자가 광고판을 돌려 달라고 해도 돌려주지 않았다.

❷ 판결요지

甲이 홍보를 위해 광고판(홍보용 배너와 거치대)을 1층 로비에 설치해 두었는데, 피고인이 乙에게 지시하여 乙이 위 광고판을 그 장소에서 제거하여 컨테이너로 된 창고로 옮겨 놓아 甲이 사용할 수 없도록 한 사안에서, 비록 물질적인 형태의 변경이나 멸실, 감손을 초래하지 않은 채 그대로 옮겼더라도 위 광고판은 본래적 역할을 할 수 없는 상태로 되었으므로 피고인의 행위는 재물손괴죄에서의 재물의 효용을 해하는 행위에 해당한다는 이유로, 이와 달리 본 원심판단에 재물손괴죄의 법리를 오해한 위법이 있다고 한 사례

참조조문

형법 제366조 (재물손괴등) 타인의 재물, 문서 또는 전자기록등 특수매체기록을 손괴
또는 은닉 기타 방법으로 그 효용을 해한 자는 3년 이하의 징역 또는 700만원 이하
의 벌금에 처한다.

형법 제369조 (특수손괴) ① 단체 또는 다중의 위력을 보이거나 위험한 물건을 휴대하
여 제366조의 죄를 범한 때에는 5년 이하의 징역 또는 1천만원 이하의 벌금에 처
한다.

해설

형법상 재물손괴죄란 타인의 재물을 손괴 또는 은닉하거나 기타의 방
법으로 그 효용을 해하는 경우에 성립합니다. 여기에서 재물의 효용을
해한다고 함은 사실상으로나 감정상으로 그 재물을 본래의 사용목적에
제공할 수 없는 상태로 만드는 것을 말하는데, 일시적으로 그 재물을 이
용할 수 없는 상태로 만드는 것도 이에 해당합니다. 예컨대, 다른 사람의
핸드폰을 부숴버리거나, 타인이 키우는 새를 맘대로 날려 보내거나, 식
기로 사용하는 그릇에 오물을 넣어 감정상 그 그릇을 사용하지 못하게
하는 행위는 재물손괴죄에 해당합니다.

이 사례와 같이 피해자가 자신이 운영하는 골프아카데미를 알리기 위
해서 세워 둔 광고판을 피고인이 자기 마음대로 직원을 시켜 컨테이너
창고에 옮겨두게 하였다면, 피해자가 이 광고판을 이용할 수 없도록 하
였기 때문에 손괴죄에 해당합니다. 왜냐하면 광고판(재물)이 가지는 효용
을 해하는 행위이기 때문입니다.

아래의 [유사 사건]에서처럼 만약 골프채나 위험한 물건을 가지고 재
물을 손괴했다면 이는 특수손괴죄에 해당하여 형이 가중됩니다.

"공이 왜 이렇게 안 맞아"… 골프채로 유리창 파손한 50대男, 벌금형

머니S 이홍라 기자, 입력: 2023.06.20 08:41

"골프공이 잘 맞지 않는다"며 실내 골프연습장 유리창을 파손한 남성이 벌금형을 선고받았다. 20일 뉴스1에 따르면 서울서부지법 형사4단독은 특수재물손괴, 업무방해 혐의로 재판에 넘겨진 50대 남성 A씨(53)에게 벌금 300만원을 선고했다.

A씨는 지난해 11월 서울 마포구 한 골프연습장에서 스윙 연습을 하다 공이 뜻대로 맞지 않자 골프채로 실내 유리창을 깨트리고 소란을 피운 혐의를 받는다. A씨는 신고를 받고 출동한 경찰 앞에서도 다시 한번 골프채로 유리창을 가격해 경찰에 연행됐다. A씨는 경찰서에서 "유리에 비친 공을 치기 위해 실수로 골프채를 휘둘렀다."고 해명한 것으로 알려졌다. 조사 결과 A씨에게는 폭력행위처벌법상 집단·흉기 등 상해 혐의로 집행유예를 받는 등 다수의 처벌 전력이 있는 것으로 드러났다.

재판부는 "공이 맞지 않는다는 사소한 이유로 연습장 유리창을 깨트리고 출동한 경찰이 보는 가운데 유리를 다시 가격하는 등 죄질이 좋지 않다."면서도 "깨진 유리창을 보상하고 피해자와 합의한 점을 고려해 형을 결정했다."고 설명했다.

출처: https://www.moneys.co.kr/news/mwView.
php?no=2023062008143838430)

쓸모있는 골프상식

골프규칙(The Rules of Golf) 1.2에서 규정하고 있는 플레이어의 행동기준(Standards of Player's Conduct): 골프 에티켓

골프규칙 중 1.2a는 플레이어의 행동기준을 다음과 같이 규정하고 있습니다. 행동기준은 쉽게 말하자면 골프 에티켓이라고 할 수 있겠죠. 이 규정만 지켜도 모든 플레이어는 재미있고 안전한 골프게임을 즐길 수 있을 것입니다.

1.2a. 모든 플레이어가 지켜야 하는 행동

모든 플레이어는 골프 게임의 정신에 따라 플레이하여야 한다.

- 성실하게 행동하고(예-규칙을 따르고, 모든 페널티를 적용하며, 어떠한 상황에서도 정직하게 플레이한다),
- 다른 사람을 배려하며(예-신속한 속도로 플레이하고, 다른 사람들의 안전을 살피며, 다른 플레이어의 플레이에 방해가 되지 않도록 한다. 누군가가 볼에 맞을 위험이 있는 방향으로 플레이하는 경우, 플레이어는 즉시 전방을 주시하라는 의미로 "포어"라고 크게 외쳐서 주의를 환기시켜야 한다).
- 코스를 보호한다(예-디봇을 제자리에 가져다 놓고, 벙커를 정리하고, 볼 자국을 수리하고, 코스에 불필요한 손상을 입히지 않도록 한다).

이와 같이 행동하지 않는 것에 대하여 규칙에 따른 페널티가 있는 것은 아니다. 다만 플레이어가 골프 게임의 정신에 반하는 매우 부당한 행동을 한 것으로 판단되는 경우, 위원회는 그 플레이어를 경기에서 실격시킬 수 있다.

참고자료

http://www.kgagolf.or.kr/media/PDF/2023%EB%85%84_%EA%B3%A8%ED%94%84%EA%B7%9C%EC%B9%99.pdf

https://www.randa.org/rog/the-rules-of-golf/rule-1

그림 13 스코틀랜드 세인트 앤드류스 코스 뒤에 있는 골프 박물관(World Golf Museum)

출처: https://en.wikipedia.org/wiki/R%26A_World_Golf_Museum

Hole

14

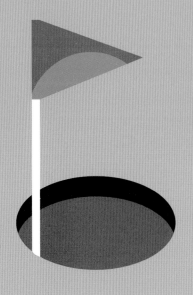

내기골프도 도박?

Hole 14
내기골프도 도박?
('내기골프' 사례: 상습도박죄)

대상판례

대법원 2008. 10. 23., 선고, 2006도736, 판결

❶ 사실관계

피고인들은 골프장에서 미리 각자의 핸디캡을 정하고 상습으로 내기골프를 하여 피고인 3은 총 26회에 걸쳐 합계 6억여 원 상당의, 나머지 피고인들은 총 32회에 걸쳐 합계 약 8억여 원 상당의 도박을 하였다.

❷ 판결요지

[1] 형법 제246조에서 도박죄를 처벌하는 이유는 정당한 근로에 의하지 아니한 재물의 취득을 처벌함으로써 경제에 관한 건전한 도덕법칙을 보호하는 데 있다. 그리고 도박은 '재물을 걸고 우연에 의하여 재물의 득실을 결정하는 것'을 의미하는바, 여기서 '우연'이란 주관적으로 '당사자에 있어서 확실히 예견 또는 자유로이 지배할 수 없는 사실에 관하여 승패를 결정하는 것'을 말하고, 객관적으로 불확실할 것을 요구하지 아니한다. 따라서, 당사자의 능력이 승패의 결과에 영향을 미친다고 하더라도 다소라도 우연성의 사정에 의하여 영향을 받게 되는 때에는 도박죄가 성립할 수 있다.

[2] 피고인들이 각자 핸디캡을 정하고 홀마다 또는 9홀마다 별도의 돈을 걸고 총 26 내지 32회에 걸쳐 내기 골프를 한 행위가 도박에 해당한다고 한 사례.

참조조문

형법 제246조 (도박, 상습도박) ① 도박을 한 사람은 1천만원 이하의 벌금에 처한다. 다만, 일시오락 정도에 불과한 경우에는 예외로 한다.

② 상습으로 제1항의 죄를 범한 사람은 3년 이하의 징역 또는 2천만원 이하의 벌금에 처한다.

 해설

형법상 '도박'이라 함은 당사자가 서로 재물 또는 재산상의 이익을 걸고 우연한 승부에 의하여 득실을 결정하는 것을 말하는데, 여기서 '우연'이란 주관적으로 '당사자에 있어서 확실히 예견 또는 자유로이 지배할 수 없는 사실에 관하여 승패를 결정하는 것'을 말하고, 객관적으로 불확실할 것을 요구하지 않습니다.

문제는 '우연'이라는 요소가 당사자의 능력이나 실력에 의해 결과에 영향을 미치게 하는 경우에도 '도박'이라고 할 수 있는가 하는 점입니다. 이에 대하여 [대상판례]는, "골프는… 경기자의 기량이 일정한 경지에 올라 있다고 하여도 매 홀 내지 매 경기의 결과를 확실히 예견하는 것은 전혀 가능하지 않은 점, 골프가 진행되는 경기장은 자연상태에 가까워서… 대단히 우수한 선수라고 하더라도 자신이 치는 공의 방향이나 거리를… 통제할 수는 없는 점, 도박죄에서 요구하는 우연은… 선수들의 기량 등을 모두 고려하더라도… 도박죄에서 말하는 우연의 성질이 있는 것으로 볼 수 있는 점, … 설사 기량차이가 있는 경기자 사이의 운동경기라고 하더라도 핸디캡의 조정과 같은 방식으로… 재물을 거는 당사자 간에 균형을 잃지 않게 하여 실제로 우연이라는 요소가 중요하게 작용할 수 있는 도박의 조건을 얼마든지 만들 수 있는 점" 등의 이유를 들어 도박죄를 인정하고 있습니다.

나아가 도박죄의 보호법익에 대하여 통설 및 판례는 '일반국민의 건전한 근로관념과 공공의 미풍양속 내지 경제에 대한 건전한 도덕법칙'(대법원 1983. 3. 22., 선고, 82도2151 판결)이라고 보고 있는바, "내기골프에 있어 승금은 정당한 근로에 의한 재물의 취득이라고 볼 수 없고 … 그 정도가 일시 오락에 불과하지 않는 한 도박죄의 보호법익을 침해하는 행위로 도박에 해당한다고 보아야 한다."고 판시하고 있습니다.

일반적인 골퍼들이라면 스킨스나 스트로크 등 다양한 방식으로 소규모의 금액을 걸고 재미삼아 내기를 하는 경우가 비일비재한데, 대부분의 경우 이는 '일시오락 정도에 불과한 경우'(형법 제246조 제1항 단서)에 해당할 것이므로 위법성이 조각되어 처벌되지 않습니다.

도박죄에 관하여는 "건전한 근로의식의 보호라는 법익보호의 토대가 취약하므로 비범죄화해야 한다."는 주장이 있지만, 이와는 별개로 위의 사례와 같이, 상식적으로 납득할 수 없는 거액의 승금을 걸고 이를 상습적으로 내기골프를 하는 것은, 도저히 일반적인 골퍼가 흔히 행하는 일시오락에 불과한 경우라고 볼 수 없고, 그 횟수 또한 정상적이라고 볼 수 없으므로, 건전하고 즐거워야 할 스포츠가 자칫 금전에 물들어 혐오스러운 행동이 될 우려가 있어 (상습)도박죄에 해당한다고 판시한 판결의 결론은 타당하다고 생각합니다.

만약 처음부터 상대방을 속일 생각으로 속임수를 써서 내기골프를 했다면 이는 도박죄가 아니라 사기죄에 해당합니다. 예컨대, 카드나 화투에 특수한 칠을 하거나 표시를 하여 상대방의 패를 알면서 도박을 한 경우 이는 도박죄가 아니라 사기죄에 해당하는 것입니다.

커피에 약 '슬쩍'… 내기골프·도박으로 2억원대 갈취한 일당 징역형

최오현, 입력 2022.07.11.

내기골프에서 범행 대상에 약물을 먹이는 등 조직적으로 범행을 모의한 일당이 징역형을 선고받았다. 강원 원주시에 사는 A(59)·B(56)·C(54)씨 등 3명은 지난해 7월 28일 오후 평소 알고 지내던 지인 J씨를 스크린 골프장으로 불러내 내기골프를 했다. A씨 등은 여기서 그치지 않고 J씨를 도박장으로 유인해 일명 '훌라'와 '바둑이' 도박을 함께 했다. J씨와 내기골프나 도박을 할 때는 돈을 따는 일명 '선수'와 돈을 잃어주는 '바람잡이' 등 공범 5명도 번갈아 투입됐다. 선수와 바람잡이를 비롯한 A씨 일당들은 서로의 패를 공유하거나 신호를 주고받는 방법으로 운동 등 신체 기능과 판단 능력이 저하된 J씨를 속여 하룻밤 새 1500만 원을 딴 뒤 돈을 서로 나눠 가졌다. 이런 수법으로 같은 해 9월 중순까지 한 달 보름여 간 J씨를 속여 뜯어낸 돈만 16차례에 걸쳐 2억4400만 원에 달했다.

춘천지법 원주지원 형사1단독 공OO 판사는 사기와 사기미수, 마약류 관리에 관한 법률 위반(향정) 혐의로 기소된 A씨에게 징역 2년 4개월을, B와 C씨 등 2명에게 징역 2년을 각각 선고했다고 11일 밝혔다.

출처: http://www.kado.net

쓸모있는 골프상식

골프공의 발전과정

골프는 나무막대기로 돌이나 나뭇조각을 쳐서 토끼굴 같은 구멍에 집어넣으면서 시작되었다고 합니다. 그러다가 점점 이 놀이가 유행하게 되자 보다 치기 쉽고 멀리 나가는 공으로 발전해 왔습니다. 그 첫 번째 공이 바로 '페더리 볼'(feathery ball)입니다. 즉, 오리나 거위 털을 가죽으로 싸서 사용했던 것이지요(17-18세기).

그 후 1848년 이후 영국의 식민지인 말레이시아에서 구타 페르차(gutta percha)라고 하는 고무나무에서 고무를 추출하여 만든 공을 '구타 페르차' 또는 줄여서 '구티'(gutty)라고 하는데, 약 150-200야드를 날아갔다고 합니다. 골프공의 획기적인 발전이지요.

그러다가 1898년 미국의 코번 해스켈(Coburn Haskell)이라는 사람이 고무에다 실을 칭칭 감아 만든 볼을 개발하고, 1899년 버트램 워크(Bertram Work)라는 굿리치 고무회사의 경영인과 함께 특허를 내어 만든 공을 '해스켈 볼'이라고 합니다. 그 후 골프공은 비약적인 발전을 통해 오늘날에 이르고 있습니다.

참고자료

田代靖尙, 知的シングルになるためのゴルフ語源辭典, 日経プレミアシリーズ, 日本經濟新聞出版社, 2010.

https://www.scottishgolfhistory.org/origin-of-golf-terms/golf-ball-feathery-gutty-haskell/

그림 14　위에서부터 페더리, 구티, 해스켈 볼

출처: https://www.scottishgolfhistory.org/origin-of-golf-terms/golf-ball-

Hole

15

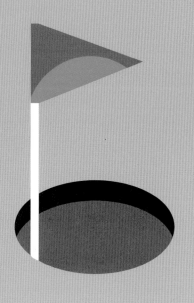

골프티 받으려고
돈을 주면?

골프티 받으려고 돈을 주면?

('골프티 배정' 사례: 뇌물죄)

대상판례

대법원 2005. 11. 10., 선고, 2004도42, 판결

❶ 사실관계

기무부대에 할당된 골프티의 배정을 할 수 있는 직위에 있는 기무부대장이 직무상의 지위를 이용하거나 그 직무에 기한 세력을 기초로 골프티 배정과 관련하여 20회에 걸쳐 합계 480만 원을 교부받고, 아울러 골프장 출입인가증 발급과 관련하여 7회에 걸쳐 합계 160만 원을 교부받았다.

❷ 판결이유

기무부대에 할당된 골프티의 배정이 기무부대장의 고유 업무는 아니라고 하더라도 직무상의 지위를 이용하거나 그 직무에 기한 세력을 기초로 공무의 공정에 영향을 미치는 행위, 즉 직무행위와 밀접한 관련이 있는 행위로서 직무관련성이 인정되고, 골프티 배정과 관련하여 돈을 수수한 이상 직무집행의 공정성을 의심받게 되므로 직무와 대가관계가 있는 부당한 이익으로서 뇌물에 해당하며, 골프장 출입인가증 발급 보증인 추천권은 소령 이상의 장교가 갖는 권한이므로 영관장교인 피고인이 이러한 보증인 추천직무와 관련하여 돈을 받았다면 직무와 대가관계가 있는 부당한 이익으로서 뇌물에 해당한다.

대법원 2005. 9. 29., 선고, 2005도4411, 판결

❶ 사실관계

「공공기관의 운영에 관한 법률」에 따라 공무원으로 의제되는 한국고속철고건설공단의 재무본부 자금부장이 거래상대방 업체로부터 수수한 골프운동 경비, 호텔투숙비, 차량이용료 등 1,916,930원 상당의 이익을 받았다.

❷ 판시사항

피고인이 거래상대방 업체로부터 수수한 골프운동 경비, 호텔투숙비, 차량이용료 상당의 이익을 직무와 관련한 뇌물이라고 본 원심의 판단을 수긍한 사례

참조조문

형법 제129조 (수뢰, 사전수뢰) ① 공무원 또는 중재인이 그 직무에 관하여 뇌물을 수수, 요구 또는 약속한 때에는 5년 이하의 징역 또는 10년 이하의 자격정지에 처한다.

❍ 해설

[대상판례]에서 말하는 '골프티'(golf tee)라 함은 골프를 칠 수 있는 시간(정확하게는 tee time)을 의미합니다. 골퍼들은 대체로 자신이 원하는 시간에 배정받기를 원하는데, 골프치기에 적당한 시간은 계절마다 다르긴 하지만 골프치기 좋은 시간대에 몰리기 십상이지요. 따라서 자신이 원하는 시간에 골프티를 배정받기가 어렵습니다. 때문에 골프장 출입인가증 발급 보증인 추천권을 가지고 있는 영관장교인 피고인이 보증인 추천직무와 관련하여 돈을 받은 것이 뇌물에 해당하는가가 이 사례의 핵심입니다.

형법상 수뢰죄가 성립하려면 "공무원 또는 중재인이 그 직무에 관하여 뇌물을 수수, 요구 또는 약속"(형법 제129조 제1항)하는 행위가 필요합니다. 여기서 뇌물이란 공무원 또는 중재인이 그 직무에 관하여 받은 일체의 부정한 이익을 말하는데, 뇌물죄에 중요한 것은 '직무관련성'과 '부정한 이익'의 개념을 어떻게 파악하는가 하는가 입니다. 직무관련성의 문제에서 직무란 공무원 또는 중재인이 그 지위에 따라 담당해야 할 일체의 집무를 말하며, 부정한 이익은 뇌물이 직무행위와의 사이에 급부와 반대급부라는 대가관계가 성립되어야 합니다.

이와 같은 수뢰죄의 구성요건과 뇌물의 개념에 비추어봤을 때, 이 사례에서 군인인 피고인은 당연히 공무원이고, 그 피고인이 자신이 하고 있는 직무와 관련하여 돈을 받은 것은 마땅히 '직무관련성'이 있을뿐더러 이는 '부정한 이익'이 되어 뇌물에 해당할 것이므로 피고인의 행위가 수뢰죄에 해당한다고 판시한 대상판결은 타당하다고 하겠습니다.

이와 유사한 판결로서 [참고판례]는 한국고속철고건설공단의 재무본부 자금부장이 거래상대방 업체로부터 수수한 골프운동 경비, 호텔투숙비, 차량이용료 등 1,916,930원 상당의 이익을 받았다면 자금부장은 공무원에 준하므로 역시 뇌물죄가 성립한다고 판시하고 있습니다.

유사 사건

검찰, 현금·골프채 뇌물 받은 세무 공무원 등 기소

박청하 기자 parkkwg6057@tfnews.co.kr

등록 2023.01.17. 10:06:36

[골프앤포스트=박청하 기자] 법인세, 상속세 등 각종 세금을 감면받고 편의를 봐달라며 국세청 공무원들에게 현금과 골프채를 뇌물로 준 골프클럽 대표와 회계법인 이사 등이 재판에 넘겨졌다. 부산지검 반부패수사부는 뇌물공여 혐의

골프 치면서 사고는 치지 맙시다

로 경남의 한 골프클럽 대표 A씨(불구속)와 회계법인 이사 B씨(구속) 등을 기소했다. 뇌물을 받은 국세청 사무관 C씨는 구속 기소, 금액이 비교적 적은 또다른 사무관 D씨는 불구속기소됐다.

검찰에 따르면 A씨는 B씨와 공모해 법인세 등을 감면 받기 위한 청탁에 대한 대가로 C씨에게 현금 2000만 원과 시가 366만 원 상당의 골프채 세트를 제공한 혐의다.검찰 관계자는 "경찰이 불송치한 사건에 대해 검찰이 직접 보완수사로 회계법인 운영자의 명의 대여 사실을 밝혀냈다"며 "신속한 압수수색을 통해 뇌물로 공여된 골프채, 뇌물을 주고 받는 모습이 촬영된 CCTV 영상 등을 확보했다"고 밝혔다.

출처: http://golfnpost.com/news/article.html?no=23871)

쓸모있는 골프상식

마스터스 토너먼트(Masters Tournament) 출전권

전세계 골퍼들의 선망인 마스터스 토너먼트는 미국 조지아 주 오거스터 내셔널 골프장(Augusta National Golf Club)에서 매년 4월 초에 열리는 메이저 경기입니다. 아마추어 골퍼로서 전미 오픈, 디오픈, 전미 아마추어 오픈 등 메이저 경기는 물론 많은 시합에서 우승을 거머쥔 보비 존슨(Bobby Jones)은 은퇴 후 변호사 활동을 하면서 자신의 고향인 애틀란타에서 가까운 오거스터에 골프장을 만들어 1934년부터 마스터스 토너먼트를 시작합니다. 디오픈과 함께 가장 유명한 이 경기에 출전할 수 있는 자격은 다음과 같습니다.

1. 역대우승자 (생애)
2. US Open 우승자 (과거 5년간)
3. The Open 우승자 (과거 5년간)
4. PGA 선수권 우승자 (과거 5년간)
5. The Players 선수권 우승자 (과거 3년간)

6. 직전 올림픽대회 우승자

7. 전년도 US 아마추어 우승자 및 2위

8. 전년도 British 아마추어 우승자

9. 전년도 아시아퍼시픽 아마추어 선수권 우승자

10. 당해연도 라틴아메리카 아마추어 선수권 우승자

11. 전년도 US 미드 아마추어 우승자

12. 전년도 마스터스대회 12위 이내 입상자

13. 전년도 US Open 4위 이내 입상자

14. 전년도 The Open 4위 이내 입상자

15. 전년도 PGA 선수권 4위 이내 입상자

16. 전년도 마스터스대회 다음 주부터 본대회 전주까지의 PGA 투어 우승자 (페덱스 컵 포인트가 가산되는 대회)

17. 전년도 The Tour Championship 출장자

18. 전년도 마지막 주 공식 세계랭킹 50위 이내

19. 동년 공식 세계랭킹 50위 이내 (마스터스대회 개최 전주에 발표된 것)

기타 초청선수 등

참고자료

本條 强, マスターズ, ちくま新書, 筑摩書房, 2022.

그림 15 마스터스 토너먼트가 열리는 오거스터 내셔널 골프클럽의 유명한
아멘 코스인 12번 홀(155야드, 파3)

출처: https://www.masters.com/en_US/course/index.html

Hole

16

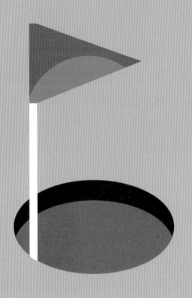

구청장 출마자가 골프
대회에서 인사말을 하면?

Hole 16

구청장 출마자가 골프대회에서 인사말을 하면?

('골프대회 인사말' 사례: 공직선거법위반)

대상판례

대법원 2011. 7. 14., 선고, 2011도3862, 판결

❶ 사실관계

구청장 선거에 출마하려던 피고인 갑은 ○○골프회의 회장을 맡고 있으면서 다른 피고인 을이 사적으로 개최한 대회인 ○○골프회장배 골프대회의 출발장소에서 참석자들에게 "회원들을 위해 골프장을 넓힐 생각을 갖고 있습니다."라는 내용의 인사말을 하면서 회원들과 악수를 하고 명함을 배부하였다.

❷ 판결요지

현직 구청장으로 차기 구청장 선거에 출마할 가능성이 있는 피고인이 선거운동기간 전에 구청 공무원 등과 공모하여 선거구민들에게 자신의 업적을 홍보하는 내용의 문자메시지 및 생일축하 전보, 쾌유기원 전보를 발송하고, 골프대회, 경로당 식사대접, 뮤지컬 공연 등 사적인 행사에서 인사말을 하였다고 하여 구 공직선거법(2010. 1. 25. 법률 제9974호로 개정되기 전의 것, 이하 같다) 위반으로 기소된 사안에서, 위 행위가 구 공직선거법상 사전선거운동에 해당함과 아울러 공무원이 선거구민에게 후보자가 되고자 하는 자의 업적을 홍보하는 행위를 금지하는 구 공직선거법 제86조 제1항 제1호에 위배된다고 본 원심판단을 수긍한 사례.

참조조문

공직선거법 제86조 (공무원 등의 선거에 영향을 미치는 행위금지) ① 공무원(국회의원과 그 보좌관·비서관·비서 및 지방의회의원을 제외한다), 제53조제1항제4호 및 제6호에 규정된 기관 등의 상근 임·직원, 통·리·반의 장, 주민자치위원회위원과 향토예비군소대장급 이상의 간부, 특별법에 의하여 설립된 국민운동단체로서 국가나 지방자치단체의 출연 또는 보조를 받는 단체(바르게살기운동협의회·새마을운동협의회·한국자유총연맹을 말한다)의 상근 임·직원 및 이들 단체 등(시·도조직 및 구·시·군조직을 포함한다)의 대표자는 다음 각 호의 어느 하나에 해당하는 행위를 하여서는 아니된다.

1. 소속직원 또는 선거구민에게 교육 기타 명목여하를 불문하고 특정 정당이나 후보자(후보자가 되고자 하는 자를 포함한다. 이하 이 항에서 같다)의 업적을 홍보하는 행위

② 지방자치단체의 장(제4호의 경우 소속 공무원을 포함한다)은 선거일전 60일(선거일전 60일후에 실시사유가 확정된 보궐선거등에 있어서는 그 選擧 의 실시사유가 확정된 때)부터 선거일까지 다음 각 호의 어느 하나에 해당하는 행위를 하여서는 아니된다.

4. 다음 각목의 1을 제외하고는 교양강좌, 사업설명회, 공청회, 직능단체모임, 체육대회, 경로행사, 민원상담 기타 각종 행사를 개최하거나 후원하는 행위

　가. 법령에 의하여 개최하거나 후원하도록 규정된 행사를 개최·후원하는 행위

　나. 특정일·특정시기에 개최하지 아니하면 그 목적을 달성할 수 없는 행사

　다. 천재·지변 기타 재해의 구호·복구를 위한 행위

　라. 직업보도교육 또는 유상으로 실시하는 교양강좌를 개최·후원하는 행위 또는 주민자치센터가 개최하는 교양강좌를 후원하는 행위. 다만, 종전의 범위를 넘는 새로운 강좌를 개설하거나 수강생을 증원하거나 장소를 이전하여 실시하는 주민자치센터의 교양강좌를 후원하는 행위를 제외한다.

　마. 집단민원 또는 긴급한 민원이 발생하였을 때 이를 해결하기 위한 행위

　바. 가목 내지 마목에 준하는 행위로서 중앙선거관리위원회규칙으로 정하는 행위

해설

　2010년 시행된 구 공직선거법 제86조 제1항 제1호에 의하면, 공무원이나 특정기관의 임직원, 또는 통·리·반의 장, 주민자치위원회위원과 향토예비군소대장급 이상의 간부 등이 소속직원 또는 선거구민에게 교육 기타 명목여하를 불문하고 특정 정당이나 후보자나 후보자가 되고자 하는 자의 업적을 홍보하는 행위를 하면 3년 이하의 징역이나 600만원 이하의 벌금에 처하도록 하고 있습니다.

　이 사례에서 ○○아트홀 내 골프연습장 회원들의 모임인 ○○골프회의 회장인 갑이 사적으로 개최한 대회인 ○○골프회장배 골프대회의 출발장소에서 을이 참석자들에게 "안녕하십니까. 구청장 을입니다. 중구 발전을 위해 열심히 하겠습니다. 회원들을 위해 골프장을 넓힐 생각을 갖고 있습니다."라는 내용의 인사말을 하면서 회원들과 악수를 하고 명함을 배부한 행위와 갑이 위 골프대회의 연장으로 개최한 경로당 식사 대접 행사에 2회에 걸쳐 연속적으로 참석하여 인사말을 하고 악수를 한 행위… 는 구청장의 업무활동의 일환이거나 단순히 일상적·의례적·사교적인 행위라고 보기 어렵고, 차기 구청장에 출마할 가능성이 있는 자신에 대한 인지도를 제고함으로써 당선을 도모하기 위하여 하는 것이라는 목적의사가 객관적으로 인정될 수 있는 선거운동에 해당한다고 판단한 후, 구 공직선거법 제86조 제2항 제4호가 선거일 전 60일부터 지방자치단체장이 교양강좌, 사업설명회, 공청회, 직능단체모임, 체육대회, 경로행사, 민원상담 기타 각종 행사를 개최하거나 후원하는 행위를 금지하고 있는 것은 선거일에 가까워지면서 선거운동의 과열과 혼탁을 방지하기 위하여 선거일 전 60일부터는 선거에 영향을 미치지 아니하더라도 위와 같은 행사를 개최하거나 후원하는 행위를 일체 금지한다는 취지이므로, 선거일 전 60일 그전에는 선거에 영향을 미치는지 여부와 상관없이 위와 같은 행사를 개최하거나 후원하는 행위를 허용한다는 의미로 반대

해석을 할 수는 없고, 선거일 전 60일 그 전에 선거에 영향을 미치는 직능단체모임, 체육대회, 경로행사 등을 개최하거나 후원하는 행위는 여전히 선거운동에 해당하여 공직선거법 위반이 된다고 판단하였습니다.

유사 사건

김OO OO구청장 '공직선거법' 항소심도 당선무효형

areum@yna.co.kr, 송고시간 2021-12-23 15:16

(광주=연합뉴스) 장아름 기자 = 공직선거법 위반 혐의로 재판 중인 김OO 광주 OO구청장이 1심에 이어 항소심에서도 당선무효형을 선고받았다. 광주고법 형사1부는 23일 공직선거법 위반 혐의로 기소된 김 구청장의 항소심에서 징역 1년 2개월에 집행유예 2년을 선고한 1심을 파기하고 징역 1년에 집행유예 2년을 선고했다.

김 구청장은 2017년 7~9월 부당한 방법으로 광산구시설관리공단 직원 등 4천100여명을 더불어민주당 권리당원으로 모집하고 공단 직원 150여명에게 400만원 상당의 숙주나물을 선물한 혐의로 재판에 넘겨졌다. 지인에게 30만원가량의 골프 비용을 제공한 혐의도 받고 있다.

재판부는 "김 구청장은… "처음부터 기부 행위를 의도한 것은 아니고 업체의 자선 행위에 편승한 것으로 보인다"고 밝혔다. 재판부는 "하지만 정치인 생활을 수십 년 하면서 선거관련 부정방지 규정을 충분히 인식하고 있었을 것"이라며 "김 구청장이 숙주나물 제공을 먼저 요청한 점, 당원 모집을 독려하거나 시작한 직후에 직원을 통해 나눠준 점 등을 고려하면 이를 유죄로 인정한 원심 판단은 정당하다"고 설명했다.

출처: https://www.yna.co.kr/view/AKR20211223110600054?input=2608m)

쓸모있는 골프상식

골프코스의 구역(Areas of the Course) (1)

골프규칙의 용어의 정의에 의하면, 코스의 구역이란 코스를 이루는 구역으로 규정된 다섯 가지 구역을 말합니다. 이에는,

- 일반구역
- 플레이어가 홀을 시작할 때 반드시 플레이하여야 하는 티잉구역
- 모든 페널티구역
- 모든 벙커
- 플레이어가 플레이 중인 홀의 퍼팅그린으로 구성되어 있습니다.

일반구역(General Area)에는 • 티잉구역 이외의 코스상에 있는 모든 티잉 장소, • 모든 잘못된 그린을 포함합니다.

티잉구역(Teeing Area)이란 플레이어가 홀을 시작할 때 반드시 플레이하여야 하는 구역을 말하는데, 다음과 같이 규정된 두 클럽 길이의 깊이를 가진 직사각형 구역입니다: • 티잉구역의 앞쪽 경계는 위원회가 설정한 두 개의 티마커의 맨 앞부분의 점들을 이은 선으로 규정되고, • 티잉구역의 좌우 경계는 두 개의 티마커의 바깥쪽 점들로부터 후방으로 두 클럽 길이 이내로 규정된다.

참고자료

https://www.kgagolf.or.kr/media/PDF/2023%EB%85%84_%EA%B3%A8%E
D%94%84%EA%B7%9C%EC%B9%99.pdf

그림 16 티잉구역(Teeing Area)

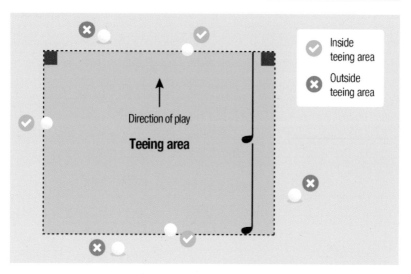

출처: https://www.thegolfbusiness.co.uk/2019/11/the-rules-of-golf-what-
constitutes-a-teeing-area/

Hole

17

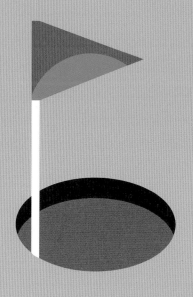

골프연습장도
신고해야 하나요?

Hole 17

골프연습장도 신고해야 하나요?

('골프 연습장 미신고' 사례: 체육시설의 설치·이용에 관한 법률위반)

대상판례

대법원 2007. 5. 10., 선고, 2007도376, 판결

❶ 사실관계

피고인은 ○○아파트 입주자대표회의의 입찰을 거쳐 골프연습장 운영자로 선정되었고, 입주자대표회의에 보증금과 월 임대료를 지급하며 골프연습장이 위치한 복리시설을 독점적으로 사용하고 종업원 2명을 두어 광고 등을 통해 회원을 모집·운영하면서 골프연습장 운영으로 수익을 얻으며 자기 계산 하에 전업으로 골프연습장을 운영하였다.

❷ 판시사항

주택법상의 주민운동시설에 설치된 골프연습장이 영리를 목적으로 하는 경우, 체육시설의 설치·이용에 관한 법률에 정한 신고를 하여야 하는지 여부(적극)

참조조문

체육시설의 설치·이용에 관한 법률 제10조 (체육시설업의 구분 · 종류) ① 체육시설업은 다음과 같이 구분한다.

1. 등록 체육시설업 : 골프장업, 스키장업, 자동차 경주장업
2. 신고 체육시설업 : 요트장업, 조정장업, 카누장업, 빙상장업, 승마장업, 종합 체육시설업, 수영장업, 체육도장업, 골프 연습장업, 체력단련장업, 당구장업, 썰매장업, 무도학원업, 무도장업

제11조 (시설 기준 등) ① 체육시설업자는 체육시설업의 종류에 따라 문화체육관광부령으로 정하는 시설 기준에 맞는 시설을 설치하고 유지·관리하여야 한다.

② 문화체육관광부장관은 제10조에 따른 체육시설업의 건전한 육성을 위하여 필요하다고 인정하면 대통령령으로 정하는 바에 따라 체육시설의 이용 및 운영에 지장이 없는 범위에서 시설물의 설치 및 부지 면적을 제한할 수 있다.

 해설

골프장이나 골프연습장을 설치하고 운영하려면 「체육시설의 설치·이용에 관한 법률」의 적용을 받습니다. 이 법 제2조 제1호에는 "'체육시설'이란 체육 활동에 지속적으로 이용되는 시설(정보처리 기술이나 기계장치를 이용한 가상의 운동경기 환경에서 실제 운동경기를 하는 것처럼 체험하는 시설을 포함한다. 다만, 「게임산업진흥에 관한 법률」 제2조 제1호에 따른 게임물은 제외한다)과 그 부대시설을 말한다."고 규정하고 있으며, 이러한 체육시설에는 골프장과 골프 연습장이 포함된다고 이 법 시행령 제2조에 규정되어 있습니다.

그런데 골프장은 등록대상(법 제2조 제1호)이고, 골프연습장은 신고대상(법 제2조 제2호)이므로, 골프 연습장업을 하려는 자는 일정한 시설을 갖추어 문화체육관광부령으로 정하는 바에 따라 특별자치시장·특별자치도지사·시장·군수 또는 구청장에게 신고하여야 합니다(법 제20조 제1항). 따라서 이러한 신고를 하지 않았다면 이 법 벌칙규정에 따라 1년 이하의 징역 또는 1천만원 이하의 벌금에 처하게 됩니다.

'골프장 등 체육시설 매크로 방지법' 암표 방지가 목적…일반인 제재 없어

fineview@newspim.com

기사입력: 2023년07월21일 15:19

최종수정: 2023년07월28일 19:49

[서울=뉴스핌] 김용석 기자 = '체육시설 매크로 예약 방지법안'이 지난 18일 국회 본회의를 통과, 내년부터 시행된다. 국회는 '매크로 프로그램을 이용해 체육시설 이용권을 예약하고 이를 차익을 남겨 거래하는 행위를 금지하는 '체육시설의 설치 이용에 관한 법률. 일부 개정안(제21조 2) 등을 통과시켰다.

최OO 문화체육관광부 체육국장은 뉴스핌을 통해 "이 법안은 문제가 돼온 매크로를 이용한 암표 판매를 근절시키는 데 목적이 있다. 인기 체육시설 이용권이 순식간에 동이나 어려움을 겪는 이들이 많은 것으로 안다. 이를통해 부정판매가 해소되기를 바란다"라고 밝혔다…개정안에선 '지정된 명령을 자동으로 반복 입력하는 프로그램(매크로)을 이용하여 예약한 체육시설 이용권 등을 부정판매해서는 안된다. 이 규정을 위반할 시 1년 이하의 징역 또는 1000만원 이하의 벌금에 처한다'라고 명시하고 있다. 하지만 이 법은 '부정판매 방지'가 목적이다. 한마디로 매크로를 돌려서 웃돈을 붙여 파는 행위만 금지된다.

골프계 관계자는 "이 안은 매크로를 잡아내는 것이 목적이 아니다. 이에 따라 매크로를 하는 행위에 대한 처벌은 불가하다. 부정판매가 아닌 일반인이 매크로를 여러개 예약하는 것은 상관이 없다. 예약난 해소에 도움이 될지는 지켜봐야 한다"라고 설명했다. 이 법안이 통과됨에 따라 내년 1월부터는 매크로 시스템을 통해 티켓을 되파는 암표 행위가 제재 대상이 된다.

출처: https://www.newspim.com/news/view/20230721000635

골프 치면서 사고는 치지 맙시다

골프코스의 구역(Areas of the Course) (2)

앞장에 이어 골프코스의 구역을 이어갑니다. 나머지 코스의 구역은 다음과 같습니다.

- 모든 페널티구역
- 모든 벙커
- 플레이어가 플레이 중인 홀의 퍼팅그린으로 구성되어 있습니다.

페널티구역(Penalty Area)이란 플레이어의 볼이 그 구역에 정지한 경우, 1벌타를 받고 구제를 받을 수 있는 구역을 말한다. 페널티구역은:

- 코스상에 있는 모든 수역(위원회가 페널티구역으로 표시하였는지 여부와 관계없이)으로서, 바다·호수·연못·강·도랑·지표면의 배수로·개방 하천(건천 포함)을 포함하며,
- 그 밖에 위원회가 페널티구역으로 규정한 코스의 모든 부분을 말한다.

벙커(Bunker)란 모래로 특별하게 조성된 구역으로, 주로 풀이나 흙이 제거된 채 움푹 꺼진 지형을 말한다. 다음과 같은 것들은 벙커의 일부가 아니다:

- 벙커로 조성된 구역의 경계에 흙·풀·뗏장·인공자재로 만들어진 턱이나 측벽 또는 측면
- 벙커로 조성된 구역의 경계 안에 있는 흙 또는 자라거나 붙어 있는 모든 자연물(예−풀·덤불·나무)
- 벙커로 조성된 구역의 경계 밖으로 흘러나오거나 흩뿌려진 모래
- 벙커로 조성된 구역의 안에 있는 모래로 된 구역이 아닌, 코스상에 있는 모래로 된 모든 구역(예−사막·그 밖의 자연적인 모래지역·흔히 황무지로 불리는 구역)

퍼팅그린(Putting Green)이란 플레이어가 플레이 중인 홀에 있는 다음과 같은 구역을 말한다: • 퍼팅그린은 특별하게 조성된 구역 또는

- 위원회가 퍼팅그린으로 규정한 구역(예−임시 그린을 사용하는 경우)이다.

각 홀의 퍼팅그린에는 플레이어가 볼을 플레이하여 넣으려고 하는 홀이 포함되어 있다.

참고자료

https://www.kgagolf.or.kr/media/PDF/2023%EB%85%84_%EA%B3%A8%ED%94%84%EA%B7%9C%EC%B9%99.pdf

그림 17 퍼팅 그린이 어렵기로 유명한 미국 뉴욕에 있는 윙드 풋 골프클럽 (Winged Foot Golf Club)

출처: https://www.golfdigest.com/places-to-play/ny/winged-foot-golf-club-west-course

Hole

18

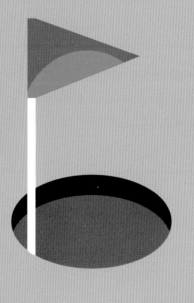

맺음말

Hole 18 ─────────────
맺음말

　이상에서는 골프와 관련된 형사사건과 그에 관한 판례를 살펴보았는데, 살펴본 바와 같이 골프와 관련된 형사사건이 생각보다 꽤 많이 있음을 알 수 있습니다.

　한 가지 아쉬운 점은 실제로 골프장에서 많이 발생하고 있는 '골프공 절도' 사례에 관하여 대법원판례가 없다는 점입니다. 잘 알려진 바와 같이 우리나라뿐만 아니라 외국에서도 골프장에 무단으로 침입하여 연못에 빠진 공이나 야산에 분실된 공을 절취하는 사건이 많이 발생하지만, 이러한 사건들이 대법원까지 올라간 경우가 없기 때문일 것입니다. 그래서 골프공 절도사건은 대법원판례 없이 [유사 사건]만 소개하도록 하겠습니다.

　최근 들어 우리나라뿐 아니라 전세계적으로도 골프가 큰 인기를 끌고 있는데, 특히 프로선수인 경우에는 막대한 상금과 광고비가 걸려 있어 많은 사람들의 선망이 되고 있을 뿐만 아니라, 아마추어 골퍼들도 골프에 심취하는 사람들이 점차 늘어가고 있습니다. 그러나 아무리 인기가 많고 관심을 끌더라도 골프는 어디까지나 '놀이'이자 '소일거리'(pastime)에 불과하며, 게다가 골프는 완전한 게임도 아니기 때문에, 언제든지 사고나 사건이 발생할 소지가 큽니다. 따라서 안전과 무탈함이 우선되어야 합니다. 단지 놀이이자 소일거리에 불과한 것이 자칫 재산상의 손해는 물론, 생명을 앗아가거나 신체상해까지 발생한다면 이는 무의미할뿐더러 해악을 미칠 뿐입니다. 그러므로 이 글에서 살펴본 형사사건들을 타산지석으로 삼아 해악이 발생하거나 불행을 초래하는 일이 없도록 모든 골퍼들과 골프 관련 종사자들이 유념하기를 바라며 글을 마칩니다.

유사 사건

골프장 연못 빠진 골프공 5만 5천 개 훔쳐 판 일당…'절도 혐의' 구속 기소

입력 2023.06.02. (11:41), 수정 2023.06.02. (13:55)

　　제주지역 골프장을 돌며 연못에 빠진 골프공 수만 개를 상습적으로 훔쳐, 이를 사고 판 일당이 재판에 넘겨졌습니다. 제주지방검찰청은 특수절도와 절도 혐의로 주범 A 씨를 구속기소하고, 공범 B 씨를 불구속기소했다고 밝혔습니다. 검찰은 또 이들 절도범 일당이 훔친 골프공을 사들여 장물취득 혐의를 받고 있는 2명을 벌금형에 약식 기소했습니다.

　　A 씨 등은 지난 2021년 말부터 지난 2월까지 도내 골프장에 무단으로 들어가 연못 등에 빠진 일명 '로스트볼' 5만 5천여 개를 훔쳐, 이를 사고 판 혐의를 받고 있습니다.

출처: https://news.kbs.co.kr/news/pc/view/view.do?ncd=7690411&ref=D

쓸모있는 골프상식

메이저 대회(Major Tournaments): PGA & LPGA

　　매년 수십 회씩 개최되는 골프경기 중 특히 역사와 명예가 있으며, 상금이 많고, 탑랭커들이 출전하여 권위 있는 경기를 메이저 대회라고 합니다. 남자 대회 (PGA)인 경우에는 4개의 메이저 대회가 있으며, 여자 대회(LPGA)에는 5개의 메이저 대회가 있습니다.

- PGA의 메이저 대회
  - The Masters (1934~)
  - PGA Championship (1916~)

– U.S Open (1895~)

– The Open Championship (1860~)

이 가운데 The Open Championship은 영국에서 열리고, 나머지 대회는 미국에서 개최됩니다.

• LPGA의 메이저 대회

– U.S. Women's Open (1950~)

– KPMG Women's PGA Championship (1955~)

– AIG Women's Open (2001~), du Maurier Classic (1979-2000)

– The Chevron Championship (1983~)

– The Amundi Evian Championship (2013~)

이 가운데 AIG Women's Open은 영국에서, The Amundi Evian Championship은 프랑스에서 열리고, 나머지는 미국에서 개최됩니다.

참고자료

https://www.golfspan.com/four-golf-majors;

https://www.lpga.com/tournaments/major-championship-records

그림 18 2023년 LPGA 메이저 경기(U.S. Women's Open)가 열린 페블 비치 골프 링크스(Pebble Beach Golf Links) 7번홀 (Par3)

출처: https://evanschillerphotography.com/products/7th-hole-pebble-beach-golf-links-2

에필로그

흔히 교수가 골프를 잘 치면 뒤에서 손가락질 받기 십상입니다. 하라는 공부는 안 하고 골프만 친다고요. 더군다나 저같이 골프도 못 치는 사람이 골프에 관한 책을 냈다면 더더욱 그렇겠지요. 게다가 법을 공부한 사람이라면 '박영사'라는 유명한 출판사가 가지는 무게를 잘 알고 있을 것입니다. 변변한 교과서나 단행본도 내보지 못한 사람이 골프에 관련된 책을 내려고 했을 때 여러 가지 복잡한 생각으로 마음이 편치 않았습니다.

그러나 법이라는 것이 꼭 법 전공자나 법 전문가만의 소유물일 수 없으며, 오히려 법을 공부한 적이 없는 일반인도 알아두어서 손해날 일은 아니라고 생각하고 '무식하면 용감하다'라는 생각으로 과감하게 출판을 결심했습니다. 책 내용 중 잘못된 부분이 있으면 그것은 모두 저의 잘못이고, 언제든지 잘못된 부분을 알려주시면 감사하겠습니다.

흔히 골프를 즐기는 방법으로는 직접 '치는 골프'와 시합을 '보는 골프', 그리고 골프에 관련된 책을 '읽는 골프'가 있다고 합니다. 대부분의 골퍼들은 '치는 골프'와 '보는 골프'는 익숙해 있지만 상대적으로 '읽는 골프'는 멀리하고 있는 것 같습니다. 골프를 접하는 사람들이 나날이 많아지고 있는 만큼 각종 사건과 사고도 많이 발생하고 있는데, 이 책이 많은 골퍼들에게 '읽는 골프'의 소소한 재미와 자그마한 정보를 제공해 줄 수 있다면 더없는 기쁨과 보람으로 생각할 것입니다.

참고문헌 및 인터넷 자료

참고문헌

김기태, 골프 상식사전, 길벗, 2019.

김성돈, 형법총론(제6판), SKKUP, 2020.

______, 형법각론(제6판), SKKUP, 2020.

______, "과실범의 '정상의 주의'의 전제조건과 형법의 일반원칙", 『비교형사법연구』 제13권 제2호, 2011. 12, 19-40면.

金濬熙, "ゴルフ競技に關連する事故: 最近の下級審判決を中心に", 『日韓·韓日弁護士協議會誌』 제27호, 2005, 90-107면.

김일수·서보학, 새로쓴 (재9판) 형법총론, 박영사, 2002.

김준성, "공무원의 부패방지를 위한 뇌물죄의 적용범위", 『한국부패학회보』 제17권 제4호, 2012. 12, 1-15면.

김태명, 판례형법각론(제2판), 피앤씨미디어, 2016.

류석준, "사립학교 교비 임의사용에 대한 형사책임", 『비교형사법연구』 제15권 제1호, 통권 제28호, 2013. 7, 1-21면.

박상기, 형법총론(제9판), 박영사, 2012.

박상기·전지연, 형법학(제4판), 집현재, 2018.

배종대, 형법각론(제10전정판), 홍문사, 2018.

성낙현, 형법총론(제3판), 박영사, 2020.

손동권 · 김재윤, 새로운 형법각론, 율곡출판사, 2015.

신동운, 형법각론, 법문사, 2017.

심재무, "강요죄의 본질과 권리행사방해의 범위", 『경성법학』 제25집, 통권 제34호, 2016, 61-76면.

심재영, "스포츠사고와 지도자의 형사책임에 관한 일 고찰", 『한국사회체육학회지』 제18호 상권, 2002. 11, 291-304면.

오영근, 형법총론(제4판), 박영사, 2018.

_____, 형법각론(제3판), 박영사, 2015.

이경재, "골프와 관련된 형사사건의 유형 분석과 형사판례에 대한 평가", 법학 논총 제33권, 국민대학교 법학연구소, 2021. 02.

_____, "강제추행죄를 둘러싼 몇 가지 문제점", 『형사판례연구』 제23권, 2015, 165-196면.

_____, "모욕죄의 쟁점사항과 관련 판례 고찰", 『법조』 제65권 제8호, 통권 제 719호, 2016. 10, 626-649면.

이규호, "위력에 의한 업무방해죄의 문제와 개선방안", 『강원법학』 제42권, 2014. 6, 235-262면.

이재상 · 장영민 · 강동범, 형법각론(제10판), 박영사, 2016.

이형국, "業務上過失致死傷罪에 대한 小考", 『연세행정논총』 제20권, 1995. 5, 243-256면.

이형국·김혜경, 형법각론(제2판), 법문사, 2019.

_____, 형법총론(제5판), 법문사, 2019.

임 웅, 비범죄화의 이론, 법문사, 1999.

_____, 형법각론(제8정판), 법문사, 2017.

조현욱, "러브샷 강제추행", 『영남법학』 제26호, 2008. 4, 127-149면.

本條 強, マスターズ, ちくま新書, 筑摩書房, 2022.

田代靖尚, 知的シングルになるためのゴルフ語源辭典, 日経プレミアシ リーズ, 日本經濟新聞出版社, 2010.

西村國彦, ゴルフ場の法律に強くなる!, ゴルフダイジェスト社, 2013.

その道のスペシャルとChoice 編輯部編, The Openを巡る物語, ゴルフ ダイジェスト社, 2022.

Robert Browning, *A History of Golf - The Royal and Ancient Game*, London: J M Dent & Sons, 1955(reprinted in 1990).

Hay Chapman, *Law of the Links - Rules, Principles and Etiquette of*

Golf, San Francisco, 1912(Forgotten Books), 2012.

John H. Mihan, *The Little Book of Golf Law*, Chicago: American Bar Association, 2014.

Michael J. Hurdzan, *Golf and Law*, New Jersey: BookBaby, 2018.

Bob Rotella, *Golf is not a Game of Perfect*, Reading: Pocket Books 2004.

인터넷 자료

http://www.newspim.com/news/view/20200923000066.

http://www.segye.com/newsView/20190627513194?OutUrl=daum.

https://t.jayoo.org/keylog/%EB%B2%8C%EB%8B%B9.

http://kjga.or.kr/index/menu_outline/outline_history/history_a.htm

https://en.wikipedia.org/wiki/History_of_golf#/media/File:Bruges_
Public_Library_Manuscript_251_folio_149r_detail_golf.jpg

https://www.randa.org/the-royal-and-ancient-golf-club

https://www.kgagolf.or.kr/media/PDF/2023%EB%85%84_%EA%B3%A8
%ED%94%84%EA%B7%9C%EC%B9%99.pdf

https://www.golfspan.com/four-golf-majors

https://www.lpga.com/tournaments/major-championship-records

https://www.segye.com/newsView/20230914505611?OutUrl=da

https://news.kbs.co.kr/news/pc/view/view.do?ncd=7690411&ref=D

https://www.newspim.com/news/view/20230721000635

https://www.yna.co.kr/view/AKR20211223110600054?input=2608m

http://www.kado.net

http://golfnpost.com/news/article.html?no=23871

지은이 | 이경재

연세대학교 법과대학에서 법학을 공부하고 석사·박사학위를 받은 후 한국형사정책연구원을 거쳐 충북대학교 법학전문대학원에서 형법을 강의하고 있다. 골프를 접한 지는 오래되었지만, 골프 실력은 변변치 못하여 핸디캡 20 정도의 수준에 그치고 있어 가끔 80대를 치면 인생이 행복하다고 느끼는 평범한 골퍼이다.

골프 치면서 사고는 치지 맙시다

초판발행	2024년 1월 15일
지은이	이경재
펴낸이	안종만·안상준
편집	한두희
기획 / 마케팅	김한유
표지디자인	Ben Story
제작	고철민·조영환
펴낸곳	(주)**박영사**
	서울특별시 금천구 가산디지털2로 53, 210호(가산동, 한라시그마밸리)
	등록 1959. 3. 11. 제300-1959-1호(倫)
전화	02)733-6771
fax	02)736-4818
e-mail	pys@pybook.co.kr
homepage	www.pybook.co.kr
ISBN	979-11-303-4625-0 03360

정 가   15,000 원